そこにはいつも
「ホント」があらわれる。

広告をナメたらアカンよ。

はじめの前に。

広告の仕事をしていればモテると聞いた。
やがて広告代理店に就職し、コピーライターになった。
しかし広告をつくっているからとモテた記憶はない。
それどころか広告そのものがモテない。
そういうものなのかと30年間諦めていた。
もちろん嬉しいわけがない。

自分がモテないのはともかく、広告がモテないのは
誤解されているからだということは知っている。
本書ではその広告の、泥をかぶることも厭わない男(女)っぷりや、
実は生半可ではない知性についてはっきりさせてやろうじゃないの、
と意気込んでいる。

ということにして、「はじめに対談」へ。

はじめに対談

「しりあがりさん、どう思います？」

はじめに、対談。

いきなりだが、ぼくは、しりあがり寿さんが大好きだ。作品もご本人も、である。『ひげのＯＬ薮内笹子』も『流星課長』も好きだが、いちばんは『夜明ケ』に収録されている「他所へ」である（読んでは泣き、泣いては読み）。しりあがりさんと初めて出会ったのは、20数年も前のことである。当時は、「キリンビール マーケティング部の望月さん」だった。そういう経緯から、紫綬褒章作家にお付き合いいただいて、広告とコミュニケーションの話である。

しりあがり寿　「ぼくは美術大学出身で、美大には絵が好きで入ったんですが、ハイアー

ト と 言われる純粋な芸術がわからなかったんです。なんか難しそうでね。もっとエンターテインメントのようなことをやりたいと考えていたら、広告があるなと。それで広告って楽しそうだなと思ったんです」

ぼくも、専攻は美術系（文学部美学科）だった。ただしりあがりさんと違って広告に嫌悪感を持っていた。当時の『BRUTUS』に掲載されていた都築響一さんの連載「サルまねクリエイター天国」などを読んでいたものだから、「広告はパクリでイカン！」と若い正義感は憤慨していた。ところが、何がどうしたのかぼくは電通に入り、その年にしりあがりさんは『エレキな春』でデビューした。キリンビールの社員でもあった。

しりあがり寿

「そうでしたね。主に広告宣伝やパッケージデザインを担当していましたが、ぼくは当時、広告を楽しいと思うと同時に、憧れていたんです。ちょうど、糸井重里さんのコピー『おいしい生活。』（西武百貨店）が出てきた頃でした。何に憧れたって、あんなにも短い言葉で、たくさんお金がもらえるのかと。ちょっとラクそうな仕事だなんて思っていましたから（笑）」

「おいしい生活。」は1982年。しりあがりさんが、新入社員の頃だ。

しりあがり寿

「なんていうか、まざまざとコピー、そして広告の力というものを感じました。当時は、本当に広告が面白かった時代でしたよね」

「広告が面白かった時代」？ つまり今はそうでもない、と？

しりあがり寿

「広告は変わったと思いますね。ぼくがキリンビールで広告の仕事をしていたのは、もう20年とか30年も前のことですが、当時と比べると、広告の役割自体が小さくなった気がします。その頃は、ポスターを貼っておけば、なんとなく眺められていましたが、今はこれだけメディアがあるし、グラフィックの力もどんどん弱くなっている。広告にとって、複雑で難しい時代になっていると感じます」

ずっと広告の中に身をおいていると、その変化はぼく自身の変化も促す。つまり客観的に眺めるのは難しい。道一本隔てて広告を見る、元広告の先輩の視線は痛い。

しりあがり寿

「あの頃は、広告でこんなに世の中が動くんだ！というのを実感していましたからね。でもね、ぼくはやっぱり、今でも広告は好きなんですね。広告って、素直だし嘘をつかない。それでいて、伝えるのにいつも一生懸命じゃないですか」

広告は、一義的には自分のために仕事をしているのではない。商品やサービスのためだ。それらがお客さまに買ってもらえることを一途に願っている。もちろんこんな時代だ、嘘などつけない。法律も守る。結構面白いものを書いても見せても、消費者からはお代は頂戴しない。

しりあがり寿

「ぼくも広告の仕事をしていたからこそ、広告はいろんな事情の塊というのが、なんとなくわかってしまうんです。今も街で広告を見かけると、どんな事情でこうなっているのかって考えてしまいますから」

広告は事情の塊である。ブラックボックスと言ってもいい。制作者は告知されず、制作意図も公表されない。受け手である生活者に提示されるのは「明るく楽しく美しく」のみだが、薄皮一枚はがすと企業や芸能界やメディアや業界の事情がこれでもかと塊になって姿を現す。広告づくりはそれらすべてを飲み込んで、ケツから出すみたいなところがある。少々以上のマゾっけがなければ、つとまらない。

しりあがり寿

「マンガでもそうですが、みんながアートに求めているのは、そうした諸事情から離れたものなんですよね。マンガの諸事情で最も大きいのは、やっぱり売れるか、売れないかです。売れないものはこの世

に存在できなくなってしまう。広告の場合は、事情の塊でありながらも、作品として自立するようなコピーやクリエイティブってあるじゃないですか。そういうものに出合うと、やっぱり広告はすごいというか、「なめたらアカンなぁ」と思うんですよね。それにしても、『広告をナメたらアカンよ。』って、すごいタイトルですよね」

もともと、雑誌での連載は『広告を「読む」。』というタイトルだった。書籍化が決まった当初も『広告は告白する。』といった、大人びたタイトルだった。ところが、宣伝会議はそれでは売れないと思っていたようだ。「『広告をナメたらアカンよ。』ってどうかな？」「それがいい！」となった。

しりあがり寿　「ナメられているんですか、広告って」

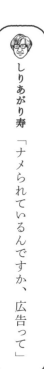

ホント「ナメたらアカン」のではあるが、ナメられるだけの理由（誤解ベースだが）があることはわかる。広告は、そもそも必要とされていないコミュニケーションだ。例えると、「モテない男子」か。A子ちゃんが新聞を開いたら、広告がある。「私、記事くんの意見が聞きたいんだけど、広告くん、なんでそこにいるの？」。B子ちゃんがテレビをつけたら、広告が流れている。「あれ？　広告くんも来たの？　呼んでないいんだけど。私、バラエティくんと遊びたいんだけど？」。早い話が、「広告くん、どっか行ってよ」ということだ。彼女とバラエティくんとの楽しい時間は、広告くんがお金を払っているのだが。

しりあがり寿
「お店に行っても、商品のそばには必ず広告くんがいますよね」

先に書いたように、広告くんの思いはひとえに商品が売れることだ。だから消費者に「買ってください」と頭を下げる。「かしこい消費者」

とおだててみたりする。「今がチャンスですよ」と猫なで声も出す。お金が絡めば痛くもない腹を探られ、下からものをお願いする立場では、当然仰ぎ見られることはない。しかしそこには大きな誤解、もしくは無理解がある。

しりあがり寿　「どんな誤解ですか?」

30年以上広告の仕事をしてきて、実はこの連載を通して初めて気が付いたことがある。それは「広告は善意だ」ということだ。広告は商品やサービスを売ろうとするが、2016年の日本に、社会や生活をダメにしようとする商品やサービスは稀だ。例えば、エコカーを考える。エコカーを買うことでその消費者は相対的に環境負荷の小さい生活を手に入れることができるが、その総体として環境負荷の小さい社会も実現する。広告ががんばって販売数を増やせば増やすほど、社会は好ましい方向に改善される。消費電力の少

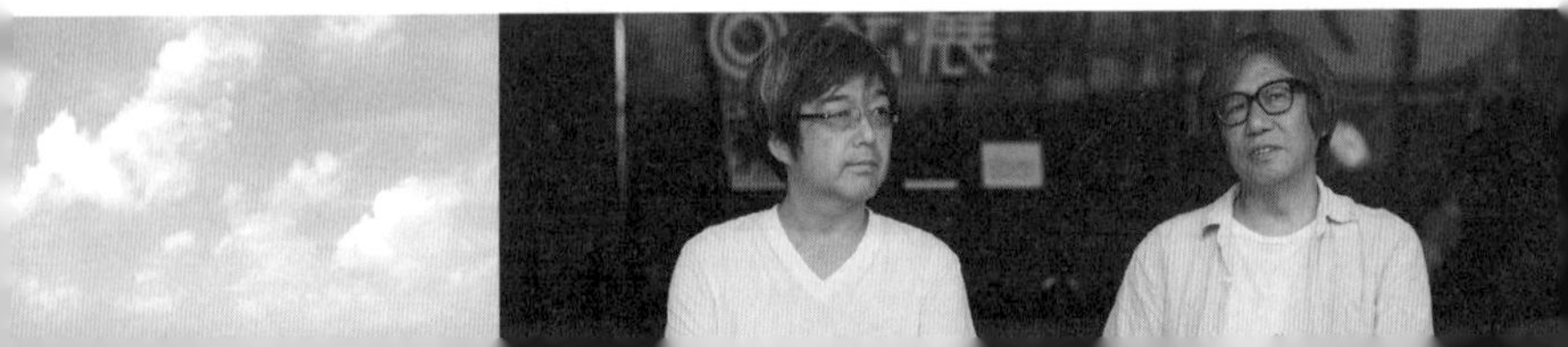

ない電気製品も、染み抜きも、ポテトチップスも同じ仕組みの中にある。商品やサービスは人や社会を幸せにしようとする。その販売をプロモートする広告が、悪意なわけがない。

しりあがり寿　「モノを売ろうとしている以上、売る人自身が何を考えているのかというメッセージがついてくるほうが、わかりやすいですよね。そうでないと、ぼくなんかはかえって不穏に感じてしまいます。それが、広告だというわけですね」

広告は無口である。善意をことさらアピールすることもなく、クレームを寄せられても反論も言い訳もしない。そんな広告が何をしようとしてきたのか、何をしようとしているのかを自分自身で確かめるために、雑誌の連載を始めた。

しりあがり寿
「山本さんがおっしゃるように、広告って、まさに時代や社会、人間を表すものですもんね」

世の中の「コミュニケーション化」が顕著だ。ある意味、「広告化」していると言える。新製品にしても新開発にしても新発見にしても新機軸にしても、以前なら単に「新」であれば価値化されたが、今はその事象自体にメッセージ性がなければならない。選挙にしても行政にしても大学のシラバスにしても、適切なコミュニケーションを伴わなければ正当に価値化されない、受け手は動かない。コミュニケーションの結果は、受け手がすべてを決めるのだ。受け手を動かすのは、ベネフィットである。

しりあがり寿
「受け手がすべてを決めるというのは、マンガも同じです。大学の授業でよく言うのは、『マンガはどこに書くか、知っているか？』という

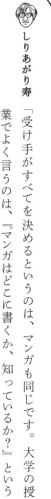

ことです。『紙に書くのでも、電子に書くのでもない。読者の頭の中に書くんだぞ』と言うんですね。これは本当にそうで、ぼくはマンガを典型的な『物語製造業』だと思っています。マンガがきっかけになって、海賊たちが争うような世界だったり、壁の向こうから巨人が攻めて来る世界だったり、『ここにはない、どこかの世界』が読者の頭の中にできる」

コミュニケーションは、受け手の想像力に委ねざるを得ない。

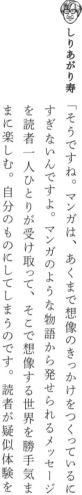

しりあがり寿

「そうですね。マンガは、あくまで想像のきっかけをつくっているにすぎないんですよ。マンガのような物語から発せられるメッセージを読者一人ひとりが受け取って、そこで想像する世界を勝手気ままに楽しむ。自分のものにしてしまうのです。読者が疑似体験を

求めるマンガというのは、ある意味で王道かもしれないですね。ただそうじゃないマンガを描く人もいて、赤塚不二夫さんなんかは、そうですよね。登場人物を実物大で描くとどうなるか?という『実物大マンガ』が話題になりましたが、あれは言ってみれば、『あんたが読んでいるのは、たかがマンガだ』と伝えているわけです。本当であれば、読者にマンガだと気づかせないように、どこかにある世界かのように感じさせる、没入させるのがマンガであるべきなのに、赤塚さんは『これはマンガだよ』ということを作品そのもので言ってしまう。でもそれって本当は、とても大切なことだと思っているんです」

広告も、疑似体験的な手法を採ることもある。しかしそこに没入させるに、十分な時間は与えられていない。受け手はあくまでも「広告」として向き合わざるを得ない状況がある。そんな状況の中で「受け手の頭の中に広告を描く」のだ。ぼくは「受け手がすべてを

決める原理主義者」だが、「受け手の頭の中に広告を描く」とは、受け手が勝手に描いてくれるのを待つことではない。「受け手に送り手の望む通りのものを描かせる」のだ。受け手の欲望を知り、痛みを知り、狡さを知り、コンプレックスを知る。受け手の想像力の可能性を知り、知性の量と幅を知る。言葉ひとつでもうかつには使えない。例えば「(議論が)煮詰まる」という言葉は「結論に近づく」という意味だが、半数くらいの人は「行き詰まる」と思っている。広告は、あらかじめ受け手の知性を測るような知的な作業である。

しりあがり寿

「そう考えると、本当にプロですよね、広告は」

ありがとうございます。エラそうなこと言ってスミマセン。

でもぼくがこの本でやりたかったことは、そんな知的作業を露わに

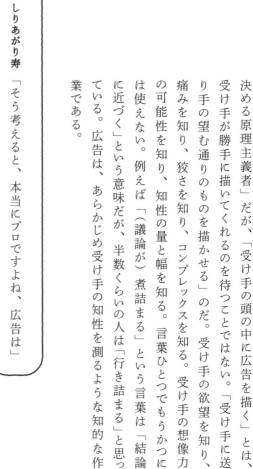

することだ。広告が「頭の中に描いた」ものは何だったんだろう？そもそも「頭の中に描く」とはどういうことなんだろう？「ナメられる」ことも、まあいいよ。でも広告を読み解けば、そのたった一行の文章に、わずか15秒の時間に、おいそれとは測り知ることのできないほどの、喜び、哀しみ、希望、人間の営み、社会情勢、経済状況、国際問題、男女関係、流行、気分、情念、記憶などなどがあふれ出てくるはずだ。その楽しさをこの本を通して共有してもらえれば、と思う。

しりあがり寿

1958年静岡市生まれ。1981年多摩美術大学グラフィックデザイン専攻卒業後、キリンビールに入社し、パッケージデザインや広告宣伝などを担当。1985年に単行本『エレキな春』で漫画家としてデビュー。パロディーを中心にした新しいタイプのギャグマンガ家として注目を浴びる。1994年の独立後は、幻想的あるいは文学的な作品など次々に発表、新聞の風刺4コママンガから長編ストーリーマンガ、アンダーグラウンドマンガなど、さまざまなジャンルで独自な活動を続ける一方、近年では映像、アートなどマンガ以外の多方面に創作の幅を広げている。

もともとは、「広告を『読む』。」という連載でした。

※文中の年代は『宣伝会議』2014年5月号〜2016年10月号の連載執筆当時のものとし、❶のみ2016年時点のものとしています。
また取り上げている広告およびコピーの年代は初出時のものです。

1

「わんぱくでもいい、たくましく育ってほしい」
万博少年の70年代。

丸大食品（１９７０年）

この本のすべては、この広告がきっかけだった。

ある時から、「**わんぱくでもいい、たくましく育ってほしい**」というコピーが、ひどく気になっていた。１９７０年の丸大食品のハムのコピーである。

１９６１年生まれの万博少年（ぼくです）には、そのテレビCMはまさに、リアルタイムの経験である。たしか、父と子が森の中で焚き火をして、ハムを焼いていた。そのハムは我が家では見たこともなかった、肉汁したたる厚切りだった。

40数年ぶりの再会には、懐かしい思いとは別に不思議な感覚があった。違

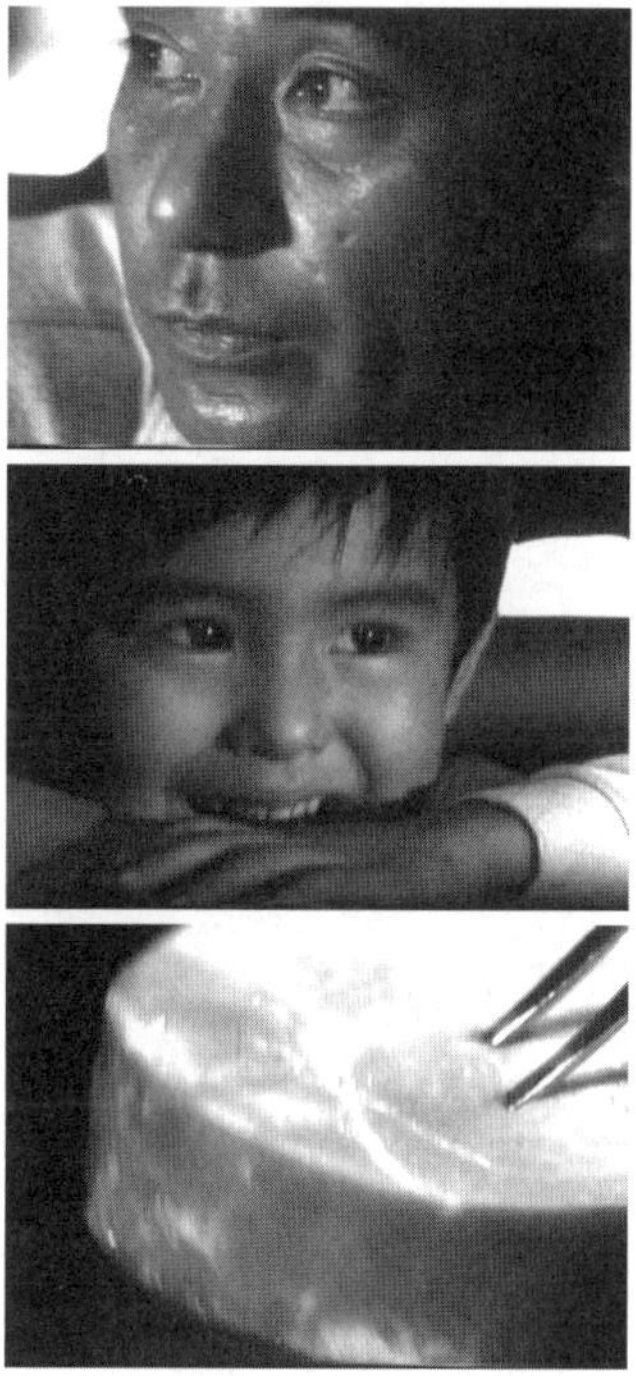

丸大食品(1970年) C:新井清久

CD:クリエイティブディレクター/C:コピーライター

和感と言ってもいい。それはなぜ一食品メーカーが、他人の子育てに言及し、おまけに「わんぱくでもいい」などと、子どもの成長に関して責任の取りようのないことを言うんだろう？というものだった。しかも広告という、隙あらば叩かれるマスコミュニケーションでだ。

そのよし悪しに思いが及ぶというよりも、ただ「わんぱくでもいい」というコピーとテレビＣＭの回想は、不思議な感覚だった。そのひっかかりが頭の中でくすぶって、しばらくの間このコピーを反芻していた。

そのコピーに再会したのは『日本のコピー ベスト５００』の選定に携わった時のことだ。

文字通り、過去から現在までの数多くのコピーの中から、「名作」を選び出すのである。遠い過去から近い過去まで、編集部から大量のコピーのリストが送られてくる。「これあったなあ、憧れたなあ、マネしたなあ」と、密かに

すでに無価値

胸をときめかせて読み続けた。

お会いしたこともない先人や先輩、同僚の仕事を見ること、読むことは、楽しいだけの作業だが、ぼくはこのように過去のコピーを（見るだけならともかく）無邪気に評価することについて、微妙な躊躇を覚える。

それらのコピーは（『日本のコピー ベスト500』で1位となった「おいしい生活。」も含めて）、広告経済的には、すでに無価値だからだ。

いいコピーとは何だ？

「どんなコピーが、いいコピーなんですか？」と、いろいろなコピーライター講座で、コピーライター志望の受講生が「コピー大好き！」のキラキラした目で聞いてくる。

ぼくは「売れるコピー」と瞬時に答える。「ユーモア」とか「論理性」とか

「情緒」とかの言葉を待っていた質問者は、必ず戸惑いと落胆の表情を浮かべる。さらに言うと、正確には「売れたコピー」である。オンエアや出稿の前、つまりコピーを書く時点では「売れる」とは言えないからだ。

「売れるコピー」ならまだしも「売れたコピー」では、「いいコピー」を書きたいと願う質問者に対してまったく答えになっていない。それでも彼らには「もちろんコピーで人の気持ちを動かしたいよ、それを忘れたことはないよ」とフォローしておく（気持ちを動かすから売れるのではあるが）。

しかしあえて王様の耳の禁に触れると、「おいしい生活。」というコピーで、今の百貨店でモノは売れまい。「おいしい生活。」という言葉で、今の生活者の心は動くまい。

「広告経済的に無価値」などという無礼な言葉は、このことを指している。

テレビCMには、赤も青もなかった

広告は積み重ならない。

大学にも職を持ち、広告を広告の内側からとは違うアングルからも見るようになってから、広告に対する向き合い方が変わった。広告の進化は、メディアやテクノロジーの変化を基調にして語られることに、あらためて気がついた。

まあ、当然のことだ。新聞というメディアが発足する前に新聞広告はなく、テレビがカラー化される前のテレビCMには赤も青もなかった。CG技術の進化は表現の可能性をあまりに大きく広げ、インターネットは日々急激に、広告のカタチを変え続けている。

コンテンツはそのカタチの変化を後追いするように、適合するように変化を始める。コピーライターというコンテンツ側からしてみると、実に不本意なことなのだが、まあしょうがない。メディアの変遷とテクノロジーの進化は互いに連携し合いながら、あるフェーズに到達し、既成事実を生み出す。次はそのフェーズを足場に積み重ねればよい。

ところがメッセージは残念ながら、決して積み重なることはない。その広告作業限定のものである。

まずそのことからお話しなければ、と思う。

広告は「生モノ」である。短い賞味期限が過ぎれば、用済みとなる。ここで取り扱う「広告」とは、年間約6兆円のお金を動かす「広告経済」でも「メディア」や「マーケティング」でもなく、基本的に「広告クリエイティブ」のことであるが、それは当然のことながら広告キャンペーンに付随している。

さらにあたりまえのことであるが、キャンペーンが終われば、コピーもテレビCMも役割を終える。その後は、クリエイティブの質やメディアへの投下量、好感度や話題になったとかならなかったとかにかかわらず、例外なく

広告は「生モノ」

世の中から消去される。もう広告として機能することも、させられることもない。
もちろんこれはメディアでの露出という物理的な意味合いのものだが、メッセージやコミュニケーション自体を考えても、やはり同じ結論が出る。

広告は「その人／その場／その時」の「時代／社会／人間」がつくる。

広告は、受け手へのベネフィットの約束である。そのメッセージは、受け手（ターゲット）の「その人／その場／その時（例えば、Aさん／東京／2016年）」に向けられている。つまり、その「その人／その場／その時」という状況に最適化されるべきものなので、受け手の状況が変わってしまえば、その広告はすでに本来の機能を発揮できなくなっているのだ。
ぼくは2000年にトヨタカローラの仕事で、「変われるって、ドキドキ」

というコピーを書いた。このコピーは大まかに言うと「2000年／日本／50代」に向けたものだが、それは「21世紀を直近に控えた時代に／ITを核に変化を始めた日本社会において／これからを模索する50代を中心とする大人」という内容を意味する。その受け手の状況に対して、「変われるって、ドキドキ」というメッセージを送った。

2000年当時においては、首尾よく結果を出したが、そのメッセージを2016年の同年代に発しても、よくて無反応、場合によっては冷笑で流される。今の50代は、「これから」があるのはあたりまえで、「変われる」ことなんかにベネフィットを感じてはいない。また、2000年にうなずいてくれた人も16年後の今では、「もうドキドキしたくないよ」と首を横に振りかねない。

広告が「その人／その場／その時」にしか機能しない、「生モノ」であることが見て取れる。

時代／社会／人間

そのことは、送り手側から見ると、次のようになる。

「時代の空気」とは前時代的な言葉だが、その言葉で送り手の発想の仕組みを説明することができる。実は、送り手はそこに受け手のベネフィットを推定するきっかけを（意識的にか無意識のうちにか）求めている。乱暴にくくると、受け手も送り手も、その人は同じ「時代の空気」を「その場／その時」において呼吸している（価値観や気分を共有している）のである。

その「時代の空気」を、ぼくは「時代／社会／人間」という3つの単語で説明しようと思う。

この3つの単語の（本稿における）規定を説明すると、「時代」とは「パッと変わる」もの。出来事が連続して、変わり続けるものを指す。

例えば、2016年という「時代」は、世界的には「ISIL」「英国のEU離脱」「ドナルド・トランプ氏の話題」「くすぶる東アジアの緊張」、国内的には「熊本地震」「18歳以上の選挙権による参院選とその結果」「アベノミクスの成否」などのファクトを列挙することができるが、それもまたさらなるファクトに連なり重なり交わって、「時代」を成している。

「社会」とは、緩やかにうねるように、しかしある傾向をもって変化するもの。例えば「少子高齢化」のように、少なからぬ年月の積み重ねが現象化させるもの。

「人間」とは、変わりにくい本性。数世紀を経れば多少は変化を生じるかもしれないが、心身の本質に関わる「脛を打てば痛い」「かわいがっているペットが死ねば悲しい」「人を好きになれば楽しく苦しい」というようなこと。

この「時代／社会／人間」がバックグラウンドとなって、受け手の「その人／その場／その時」という状況をつくり出していると考えることができる（もちろん受け手には個性というものがあるが、マス広告はそれに深入りしない）。送り手がその「時代／社会／人間」を受け手と共有し、より豊かに深く

人を好きになれば楽しく苦しい

認識・理解していることで、受け手の共感性の高い、つまり彼らの状況に対して最適な(広告効果を最大化する)提案を行えるのである。

実は、遠大な話を手短に書き連ねている。簡単にまとめる。

広告は「生モノ」である→「その人／その場／その時」という受け手の状況に、メッセージを送るのだ→受け手の状況を正確に判断するためには、送り手は「時代／社会／人間」をあらかじめ認識・理解しておく必要がある→その「時代／社会／人間」は、受け手と送り手に(多かれ少なかれ)共有されているので、認識・理解の合意が高いレベルで実現されれば、受け手の状況を精度高く推定することが可能になる→送り手は受け手に、その状況における商品やサービスのベネフィットを約束すればよい→その広告は、受け入れられる。

「社会の子ども」から「個人の子ども」へ。

そこで再び「**わんぱくでもいい、たくましく育ってほしい**」である。この1970年のコピーは当時受け入れられて、こうして記憶に残っている。広告として、きわめて妥当だったということだ。つまり「時代／社会／人間」の認識と理解において、送り手と受け手は合意していた。

そうか、そうだ。1970年代は、そういう「時代／社会／人間」だったのだ。ぼくはこの食品メーカーに、「わんぱくでもいい」と言われて育った子どもだ。地元には昔からのコミュニティがあり、大人たちはそのコミュニティぐるみで子どもを見つめた。

街に出ると知らない大人に頭を撫でられ、ルールを破ると知らない大人から叱られた。子どもは「社会の子ども」だったのだ。このコピーには、そん

状況が、まるっきり変わってしまった

な眼差しがある（このメーカーのハンバーグの当時のコピーは「大きくなれよ」である）。

だから、それを世に出すことも、同意と共感を持って受け入れられたはずだ。今の子どもは、泣いている知らない子どもに声をかけるのもはばかられるくらい、もうあの頃とは別の子どもなのだ。受け手（この場合は、1970年と2016年のぼくだが）の状況が、まるっきり変わってしまったのだ。ぼくの最初に感じた奇妙さも、それで説明がつく。

広告は世の中の合意である。

「時代／社会／人間」における受け手と送り手の合意から、広告が導き出されているのだとすると、広告を「読む」と、送り手と受け手の生きていた「時代／社会／人間」が鮮明に見えてくる。

「わんぱくでもいい」から、その時代や社会における子ども観、その顔、その声が垣間見えたように、あらゆるコピーは、その入り口から向こうを覗くと、現在とはおよそ異なる「時代」のありようが見える。どこを目指すか、大きなうねりを描く「社会」は、まぎれもなく今に連なっている。そんな変動のさなかでも、「人間」は不変とも見える営みを行っている。

メディアの変遷やテクノロジーの進化が広告のカタチを変えるとしても、メッセージの本質が変わるわけはあるまい。広告制作者は、「時代／社会／人間」を脳に叩き込んで溜め込んで、広告をつくるのだ。そこには、デジタルもアナログもない。その広告がモノを売るのだ。

広告は「生モノ」だと書いた。蓄積しないと書いた。蓄積しない知は消耗品である。ぼくは広告をそう嘆いたこともある。そしてこんなもんさ、と諦めていた。

蓄積しない知は消耗品である

しかし広告を「読め」ば、キャンペーンを終えた広告が、たとえ経済的には無価値だとしても、時代の、社会の、人間の肥沃にして、この上ない価値を語り始める。

広告は、世の中が「時代／社会／人間」において合意したクリエイティブである。社会のあり方を見る時に、確かめる時に、これほど有効な主題はない（ようやく社会学部教授の顔も立つ）。

（『宣伝会議』2014年5月号）

現在の丸大食品の礎を築いた「いいコピー」

丸大食品　総務人事部　宮地　亨

東京オリンピックから6年後の1970年当時、街には子どもがあふれ、高度経済成長とともに、日本中が活気に満ちていた。

子どもは外で真っ黒になって遊び、テストで0点をとったとしても、「わんぱくでもいい、たくましく育ってほしい」の一言で、家族が笑顔になれた時代である。

ハムソー会社を設立して12年、後発だった丸大食品は、この広告をきっかけに、全国的に知名度がアップして売上が倍増。

2年後の1972年には、驚異的なスピードで東証一部上場を果たすことになる。

山本さんが、この本を出すきっかけになった広告と記述されているが、それほど当時の流行語として多くの人の心に残ったことは、光栄なことである。
この広告なくしては、現在の当社はなかったかもしれない。
そういう意味で、会社も商品も売ることができた「いいコピー」に間違いない。
この本の中で分析されているように、
「時代／社会／人間」が送り手と受け手で共有されていたからこそ、
共感をもって消費者との距離を一瞬で縮めることができたのではないだろうか。
このコピーを見ると、当時、外を走り回っていた子どもたちの顔、
昭和の近所付き合い、厚切りハムへの少しの憧れ感などなど、
無限に想像力を掻き立てられるのである。

初めて取材に伺ったのが、丸大食品さんでした。ぼくのぶしつけな質問にも、ていねいに答えていただきました。連載を続けられると確信できました。

2

「美しい50歳がふえると、日本は変わると思う。」

闘う女たちの物語。

資生堂（1997年）

今の若い人（ってなんかイヤな言い方）には信じられない話かもしれないが、その昔、1985年にぼくが新卒入社した電通の同期は200人強。そのうち60数人の女子社員は、すべて短大卒であった。そして新入社員教育が終われば、管理部門や秘書課、各部署の総務課に配属された。

もちろんその採用形態は、1985年度の新入社員に限ったことではなく、その会社が初の「4大卒」の女子新入社員を迎えるのは、翌1986年のことである。しかもわずか8人、配属先もクリエイティブとマーケティングの部署に限られていた。「4大卒って、どこの大学を卒業したってことですか？」という質問を最近「Yahoo！知恵袋」で見た。どことどことどことどこと

4大卒って、どこの大学を卒業したってことですか？

どこで4大大学だ？ということだ。

信じられない話かもしれないが、その昔、夜遅くのコンビニには女性店員の姿はなかった。女性が午後10時以降も働けるようになったのは、1999年の労働基準法改正以降のことだ。女性社員が残業して徹夜で企画書を書き上げたり、撮影準備のために女性スタッフがスタジオに泊まり込んだりなどという今ではあたりまえの光景は、当時なら明確に違法ということになる。

信じられない話かもしれないが、その昔、「結婚適齢期」と呼ばれるものがあった。女性たちは25歳（「お肌の曲がり角」とも指差された年齢）を目途に結婚退職し、家庭へ「永久就職」するものだという（何となくの）合意がなされていたのである。個人の結婚すべき年齢を、社会が（何となく）決めていたのだ。どこの国のいつの時代の話だとも思うが、20世紀末の日本の話である。

2010年時点で、女性25～29歳の未婚率は60％を超えている（「平成22年国勢調査」より）。

ぼくは、公私ともども女心のわからない男なので、妄言の誹《そし》りを恐れながら書かなければならないが（ほんとうにいろいろごめんなさい）、境遇という意味でこの数十年の間にもっとも変わったのは、男でも子どもでも老人でもなく、女性であると思う。

その境遇の変化が女性を変え、女性の変化が社会を変えた。

私って、いいね。

1995年から3年間、資生堂の企業広告キャンペーンを担当した。「私って、いいね」というキャッチフレーズで展開した、約50本に及ぶシリーズもののテレビCMである。

その頃、資生堂は「サクセスフル エイジング」というコミュニケーションスローガンを掲げており、その傘の下で一端を担うべきものだった。

「サクセスフル エイジング」という言葉を、ぼくは極めて平易に「上手に年齢を重ねましょう」というようなことだと理解していたが、今思えば社会の行く先を見越した重大な人生観である。その頃の高齢化率（65歳以上人口の割合）は、少なくないとは言え、15％に達するか達しないか程度だった（「平成22年国勢調査」より）。高齢化社会は、まだ見えないところで息をひそめていた。

高齢化まで持ちださなくても、年齢は今も昔も女性にとって（男もそうだが）、切実に悩ましい問題である。問題である、と書いたくせに、先に告白したように女性のことなどわからないのだ。

ああそうだよ、しかしわからないと言えば他者の気持ちなんて、女も男も子どもも老人も犬も、正確には知りようがないのだ。ぼくらは想像力で他者を思い描いている。広告はその「思い描いた」他者に対して、コミュニケーションをつなごうとするものだ。広告なんて、もともとつながることを前提としない受け手と送り手のコミュニケーションである。

だからぼくは、こう考える。送り手であるぼくと、受け手であるそのキャンペーンのターゲットの女性たちは、同じ「時代／社会／人間」を、生きる背景として共有している。送り手が受け手とその「時代／社会／人間」を共有し、認識・理解していることで、受け手の共感性の高い提案を行うことができる。

価値観や「時代／社会／人間」観の共有が果たされていれば（ぼくはその領域を「共有エリア」と呼んでいる）、そこに向けたメッセージはまさに自分に向けたものでもある。ちょっと説明が漠然とし過ぎているが、「私って、いいね」を題材として説明させてもらう。

冒頭に書いた「今や信じられない話」の翌年から、男女雇用機会均等法は施行された。「私って、いいね」がスタートした1995年には、雇用における女性差別は不十分ながらも解消の方向にあり、「4大卒の女子社員」は、すでに珍しい存在ではなくなってはいたが、そのことが新たな問題を生じさせていた。

「女性会社員は疲れている」、そんな報道に接することがあった。無理もない。残業も転勤も出張も入社年次も年功序列も飲み会やトイレまで、職場環境や就労状況は男性の心身に合わせて定型化され、定着してしまっていたのだ。女性の身体にも精神にもフィットするはずがない。

重くて堅くて身の丈に合わない鎧に自分を押し込んで働くと考えてみれ

ば、軽くない疲労もストレスも想像がつく。「時代／社会」→「女性が社会進出を果たす大きなうねり／その中での疲れが顕在化した時代」である。「サクセスフル エイジング」の「女性の上手な年齢の重ね方」というテーマを考えれば、どうやら無邪気なまま健康で美しくあることは難しい。

社会としては想定外の成り行きだったが、その中で広告がするべきことは同情ではなく提案である。先に、価値観や「時代／社会／人間」観の「共有エリア」に触れたが、そこに向かって提案するのだ。「女性のことは公私ともどもわからない」身の上ではあるが、「同じく働く大人の人間」としたら、わからないことよりもわかることの方が多い。

会社は嫌いで好きで、親はうっとうしくて大切で、二日酔いは辛く、ある年齢以上の誕生日は嬉しくも複雑で、夢と現実はおよそ交わらず、働くことで生ずる問題に関しては慰められても解決しない、というようなことだ。

自分だったらどう言ってほしいか

オレだってしんどいし、オレだって楽しいし、オレだって夢もある。同じじゃない？ だったらこうしない？ こう考えない？ オレだったらこうするよ。自分も共有しているのだから、メッセージは自分を向けばよい。つまり「自分だったらどう言ってほしいか」。

そんな思いで「私って、いいね」というコピーを書いた。共有する背景「時代／社会／人間」に書かされたとも言える。そこに女性のあらゆる価値観や人生観を肯定し、自らを信じて生きていく姿を応援しようという意図を込めた（もちろん肯定してほしい自分自身に宛てたメッセージでもあった）。

その作業の中で、ポジティブに扱わなければならなかったことは、「年齢」だった。「自分を肯定し、自分らしく生きる」という文脈において、年齢と向き合わないわけにはいかない。

最初につくったテレビCMのナレーションは「年をとることと衰えること

は、別のことです」。60代半ばを過ぎた出演者のセリフだった。それに「私って、いいね」が続く。

潮目が変わっていた。年齢を重ねることは、決して恥ずかしいことではない。もう「その昔」は終わりつつあった。

年齢と生きる。

さて1997年、「**美しい50歳がふえると、日本は変わると思う。**」である。広告を「読め」ば、その背景にある「時代／社会／人間」が見えてくるのだとすれば、ここまで引っ張って登場願ったこのコピーについて、多く語ることはない。それまで羽を小さくしまって生きてきた女性たちが、大きく羽ばたいた瞬間が見える。

何よりも大きな言葉は「50歳」だ。年齢を明かすことをためらい、適齢期

潮目が変わっていた

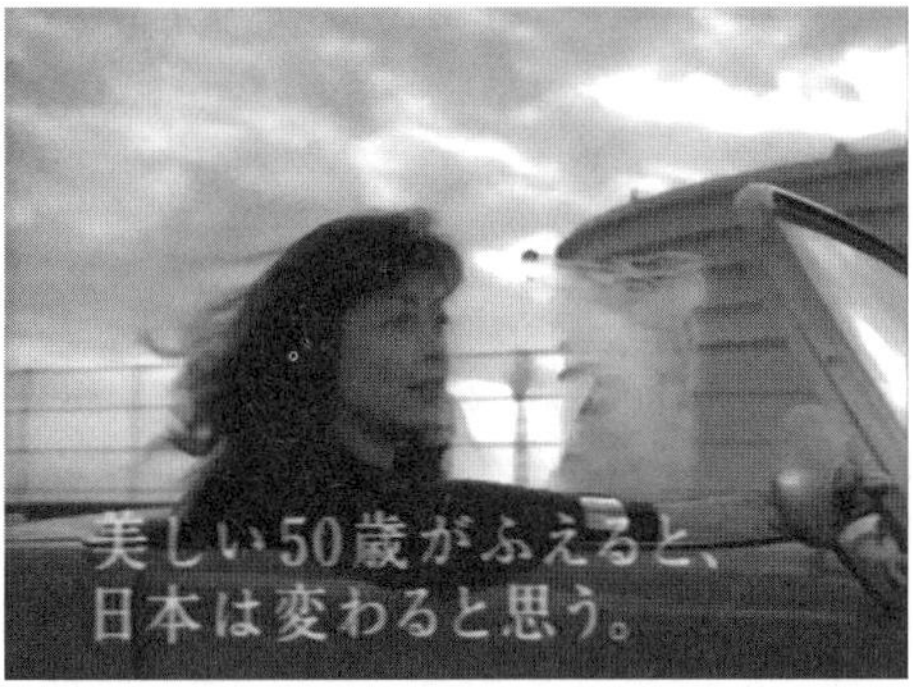
美しい50歳がふえると、
日本は変わると思う。

資生堂（1997年）CD：佐藤芳文／CD＋C：岩崎俊一

にしばられ、年をとることを恐れた日本の女性たちが、「50歳」を口にし始めた。もちろん「50歳」はこのコピーを書いた岩崎俊一さんの言葉だが、受け手の同意がなければ、その広告は世に出ることは難しい。岩崎さんの脳に溜め込まれた「時代／社会／人間」が、その一文に現出している。

「子育てを終えて街へ再び出てきた50歳前後の女性たちに、日本社会の変化の兆しを見た」と岩崎さんは言う。

１９９７年の50歳は、１９４７年生まれである。その世代はベビーブームに連なっている。国民としても消費者としても、生来大きな塊を形成して、社会の変化を促してきたのである。その間も前時代的な差別に悩み、少しずつ自らの状況を改善させながら、そして来るべき高齢化社会へのエントリーを笑顔で宣言したのだ。

「美しい50歳がふえると、日本は変わると思う。」の扉を開けると、「団塊の世代が50歳に到達する時代／大きくうねりながら変化してきた女性を囲む社会／女性という性」が、鮮やかに見える。

事実、変わったじゃないか、変えたじゃないか。

岩崎さんは「女性は強いからね」とも言った。

（2014年6月号）

「大人の仕事」

資生堂　宣伝・デザイン部
クリエイティブディレクター　小助川雅人

そうか、アクテアハートは１９９７年か。もう20年近く前なんだな。
山本さんの原稿を読んでいると、ついタイムスリップしてしまった。

蛍光灯がちらちらする銀座の古いビルの一室。
議題は、団塊の女性に向けたスキンケアの企画。
当時、資生堂ではめずらしかった競合案件だった。
宣伝部と化粧品企画部のメンバーが、数案の企画を前に腕組みをしている。
私は数年の営業経験を経て、宣伝部に来たばかりの若僧だった。
クリエイティブディレクターは佐藤芳文さん。腕組みの真ん中には、岩崎俊一さんの「美しい50歳がふえると、日本は変わると思う。」
というコピーがあった。
今では当たり前だが、当時、化粧品の広告で年齢を出すのはタブーとされていた。
そんな直接的な生々しい表現は嫌われる、というのが通説だった。
この案はないね、という雰囲気になったとき、化粧品企画部の稲葉民生次長が
「でも佐藤さん、俺はこのブランドには
このくらい大きなメッセージをぶつけてみたいよ」。
そんなことをつぶやいた。

その頃の資生堂は「サクセスフル　エイジング」というスローガンを掲げていた。
生まれてから年老いていくまで、
肌にも心にも、そのときどきにふさわしいケアをすれば、
人は美しく年齢を重ねていくことができる、という哲学。

アクテアハートもそんな思想から生まれたブランドだった。
CMのディレクターは木村草一さん。
版画家の山本容子さんがオープンカーで湾岸道路を疾走し、
その傍らでは彼女の生み出した版画の犬が、気持ちよさそうに風を受けている。
そこに現れる「美しい50歳がふえると、日本は変わると思う。」のコピー。
そして、清水靖晃さんの空気を切り裂くようなサックスが、商品カットに重なる。
隅から隅まで大人の仕事だった。
営業からきたばかりの若僧は、目を丸くして見ていることしかできなかった。

山本さんは、「広告は消耗しない。蓄積する」と書く。
確かにこのメッセージには、世の中がざわっとする手ごたえがあった。
しかし、人の心にまで蓄積できるメッセージは、そんなに多くはないだろう。
時代と、そこに生きる人々の変化に向き合っていなければ生まれてこない言葉がある。
それは少しだけ時代に先駆け、扉が開くときの鐘の役割を果たす。
コピーライターは、時に予言者のような存在となる。

さてさて、では20年後。
時代は、女性は、どこに向かっていくのか。
どんな言葉が、そこに投げかけられるのか。
できうるのならば、新たな鐘を鳴らしてみたい、とも思うのである。

この広告のCDである資生堂の佐藤芳文さんとコピーライターの岩崎俊一さんには、多くのことを教えてもらいました。たくさんの思い出を残していただきました。

3

「男は黙ってサッポロビール」

昔々、男という者がおりまして。

サッポロビール（1970年）

1970年当時のサッポロビールというブランドには、女性的なイメージがあったらしい。だから何としても、男の中の男に飲ませたかった。

企画の当初は、「あそこでサッポロビールを飲んでいるのは、三船敏郎ではないか。」というコピーだったそうだ。「黙って」という言葉はNHKの調査から拾った。そこで挙げられていた男の魅力のひとつに「寡黙」があったからだ。

その寡黙さはグラフィックにも徹底されていた。ボディコピーがない！商品がない！社名ロゴがない！

「男は黙ってサッポロビール」（1970年）は、そうしてできあがった。

ボディコピーがない！ 商品がない！ 社名ロゴがない！

サッポロビール(1970年) C:秋山晶

男は黙っている方がカッコいい、か？

以上のことはこの広告のコピーライター、秋山晶さんから伺った。この連載では、取材する前に必ず仮説を立てる。仮説をもって制作者や関係者の話を伺うことで、その広告を紡ぎ出した「時代／社会／人間」の姿形を明らかにしようとしている。

しかし、「男は黙って」に関して言うと、広告を「読む」などともったいぶらなくても、その広告の意味せんとするところは、「おおよそ」誤解しようがないのではないか、と思っていた。

「男はビールを飲む時も、愚痴こぼさず、陰口叩かず、下ネタかまさず、肴は特にこだわらず、剛毅木訥仁に近し」ってことでしょう？ そういう男をもてはやした「時代／社会／人間」だったんでしょう？

愚痴こぼさず、陰口叩かず

秋山さんは、「一般論を書くんだよ」と言った。

その一般論とは事の「本質」に他ならない。本稿においては「時代／社会」が許容する「人間（＝変わりにくいもの）」に近いのだと理解した。ほら、やっぱりそうだ、剛毅木訥が仁に近いのだ。さらに、ビールを飲んでいる最中はどんなおしゃべり男も黙る。つまりスタイルとしてなら「男は黙ってサッポロビール」は、誰にでも実践できる。ベネフィットも明快である。

寡黙なコピーの雄弁なことよ。沈黙は金、雄弁は銀。ふたつ合わせて、金銀独占である。

男に変化があらわれた。

そこまでは、まあよかった。「おおよそ」は想像通りだった。あることを見落としていた。

１９７０年の記憶はほとんどない。まだ小学生だった。父親の記憶はある。家族で茶の間の座卓を囲み、父親は無口にビールを飲んでいた。古い記憶と「男は黙って」が重なれば、「男が男らしくあった時代」への想いが湧いてくる。その想いは「おおよそ」間違いではない。しかしその結論は性急過ぎた。

広告クリエイティブは多数を取りにいくビジネスであるが、その方法論は、必ずしも多数派にくみするわけではない。１９７０年は「男は黙って」の年でもあったが、「モーレツからビューティフルへ」の年でもあった。強さから優しさへ、男を構成する要素が少しずつ、しかし明らかに変わり始めていた。万博の年でもあった。明るくにぎやかな世間では、寡黙な男は居心地が悪い。それでもビールくらいはうまそうに飲みたい。「男」はそんな「時代」を背景に「黙って」いた。

送り手側にしてみれば、「男」が満たされているのであれば、ことさら

父親は無口にビールを飲んでいた

「男」を描くことにマーケットを刺激する面白みもない。満たされていないからこそ、ビールの、その広告の果たすべき仕事が見えてくる。そうか、そうだったのか。そんな時代に「その男」はすっくと立っている。急に「男」がチャーミングにすら思えてきた。

「男は黙ってサッポロビール」は、取材前よりもコクが深かった。

ヒゲはいらない?

先に述べたように、1970年にはすでに「男らしさ」の変質が見られた。この「男らしさ」とは、言葉は同じでもその意味内容は変質を重ね、同時代化されていくものだ。「時代なんか、パッと変わる。」(秋山さんのコピーです)が、この時代の変化は連なりながら社会の大きなうねりを描く。

その話の流れから「草食系男子」とは意外性もない展開であるが、1970

年の「男」は変質に変質を重ね、そこにつながる。その言葉は2006年にあるタイプの男子に与えられた名称で、2009年には「草食男子」が、新語・流行語大賞トップテンに選ばれている。

「あるタイプ」とは「草食系」を語る論者によって異なるが、「これまでになかったタイプ」「やさしい」「異性に積極的ではない」「既定の男らしさにはとらわれない」というあたりは共通認識としていいようだ。

日経ビジネスオンラインに初めてその名が出た頃は、まだ男子全体の中での「異質な」印象を脱してはいなかったが、今やその傾向は「あるタイプ」にはとどまらない。同じ社会に生きる限り、ある現象はある個体や集団だけに特定的に発現することはないからだ。

「草食」に傾かない価値観で生きている若者は当然少なからずいるはずだが、常日頃から大学で20歳前後の男子と向き合っている身としてみれば、「傾かない」彼らがやがて少数派となっていく予感を否みようがない。

1970年の「男」のデジャヴュである。歴史は繰り返す。そう思う根拠を、身近なケースで具体的に示す。

昨年（2013年）、ぼくのゼミの学生に、講義の中でFMの地方局の主催するラジオコピーコンクールに応募させた。コンクールの課題は地元のさまざまな企業が出題したものだったのだが、その中で特に男子学生が熱心だったのが、「男性のためのエステ」であった。いわゆる「脱毛」「ムダ毛処理」である。

ぼくは無邪気に自分の違和感（なんでこんな課題が出ているのかね？）を表明したところ、男子学生たちはその違和感に違和感（なんでそんなこと聞くんですかね？）をもって答える。「だってない方がいいじゃないですか？」。

全員一致の意見である。中にはヒゲもない方がいいと言う者もいた。彼にとってはヒゲも「ムダ毛」なのだ。ふーん、そういう時代なのかねと、とりあえずやり過ごした。正確に理解する（もしくは説得される）には、n数が少な過ぎた。

それから1年後、公募の広告賞「宣伝会議賞」（第51回）に、同カテゴリーの課題が出題された（エステではなく、ムダ毛処理用のシェーバーだったが）。その課題への応募のうちふたつのコピーが、50万作品の中からシルバー賞とファイナリストに選出された。その2作品をここに紹介する。

「むさ苦しいの『むさ』は、毛のことだと思う。」

「なにもしないほうが、ナルシストだと思う。」

入選するだけのコピーではあるが、それはさて置いて、このふたつのコピーから読み取れるのは、「ムダ毛」への（嫌悪どころではない）拒絶である。

あえて「時代／社会／人間」に落とし込むと、「日常の人間関係においても、他人から見て好ましい自己プレゼンテーションを要求される時代／ジェンダーを巡る大きなうねり／異性にも同性にも嫌われたくないという変わらぬ思い」ということが見て取れる。

徐々に1年前の違和感の表皮がはがれて、その本質が見えてきた。むしろぼく自身が、脱毛という文脈の「時代／社会／人間」からしてみたら違和感なのかもしれない。しかしそう感じることには、違和感はない。「草食」は我が内側にもあるからだ。

先に「ある現象は、ある個体や集団だけに特定的に発現することはない」と書いたが、もちろんそれは、同世代横断的な場合だけではない。異世代であるぼくらも同じことだ。例えは悪いが、同じ社会に暮らす以上、同じ空気を呼吸しているのだ。もしその空気が汚染されていたら、発症の有無、度合いはまちまちにせよ、体内にその因子を持っていることは想像に難くない（「草食」は疾病ではないが）。

「草食系」と呼ばれる動物が、どこかの囲われたエリアで静かに草を食んでいるのではなくて、日本男子はみんな緩やかに肩を並べているのだ。ぼくらのような旧男子もひげを剃る。つまり毎日せっせとヒゲを脱毛しているのだ。「脱毛したいか？」と問われていないだけで、やっていることは同じである。「ヒゲはいらない」の合理性は誰も否定しにくい。まあ一生のこととなると去勢にも思えて、旧男子は萎える。そこで躊躇しないのが、「草食系」の史上かつてない強さである。

こう考えるのも、広告をやっているからだ。広告には「今」しかない。過去を想うことはあっても、それは今から見た過去であり、未来を描くことはあっても、それは今望む未来である。売上を数字にしなければならないのは、

「バッターボックスに立っているようなものだよ」

今なのだ。

「**男は黙ってサッポロビール**」を飲む男も、「なにもしないほうが、ナルシストだと思う。」男も、同じように「今」だ。それぞれの「時代／社会／人間」を背景にその要求を受けて、広告の姿を借りてこの世に出現した。そしてそれらは断絶することなく、つながっている。

秋山さんの言う「一般論」を、ぼくはその場では「変わらないもの」とだけ理解した。しかしそれは短絡であった。世の中も人間も、秋山さんの「変わるもの、変わらないもの。」（1982年、丸井）にあるように、その両者がないまぜになって存在している。変化を内包した「一般論」であり、「本質」なのだ。

「バッターボックスに立っているようなものだよ」と秋山さんは言った。広告制作者は「時代／社会／人間」から投げられた直球や変化球を、ただ打つ。

時代や社会が変わろうとも、打つのは「今」だ。

「昔はよかったなんて、言ってちゃダメですよねえ」とぼくが自省を込めて言うと、秋山さんは言った。

「いやあ、昔はよかったよ」。

打つのは「今」だ

（2014年7月号）

4

「おじいちゃんにも、セックスを。」

下ネタじゃないですよ。

宝島社（1998年）

不思議なこともあるもんだ。これだけ言葉が使い尽くされているかのような広告の世界で、いわゆる「高齢者」のことを何と呼ぶか、言葉に困っている。ぼくはたまたま彼ら相手の仕事をする機会がなかったこともあって、つまり困った実情も知らず、その模範解答が未だ誰からも提示されていないことにまず驚いた。それならばと自分で考えてみても、やっぱり出てこないことにまた驚いた。

高齢者を「高齢者」と呼べない。

「高齢者」のことを何と呼ぶか

ある保険会社の保険商品を担当したことがあった。それは特に60代後半〜70代、つまり高齢者に向けたもので、ぼくは彼らの求めるベネフィットを約束し、彼らの好む表現や世界観を考える。ここまではいい。いつもの作業だ。しかしそのテレビCMのナレーションを書こうとしたとたん、予期せぬ壁に突き当たる。

ターゲットに呼びかける言葉がない。

仮に「楽しそうな高齢者は、ぼくらの希望だ」という内容のコピーを書こうとして、躊躇①「高齢者」をそのまま使うわけにもいかないし、見ず知らずの高齢者に向けて「おじいさん」「おばあさん」と呼ぶことにも抵抗がある。「おじいさん」も「おばあさん」もごく普通の言葉なのに、である。ましてや「老人」はないだろう。

躊躇②「あなた」と呼びかけてみたらどうだろう（楽しそうなあなたは、ぼくらの希望だ）。別段ヘンじゃないし、その二人称は正しい語法なのだが、この言葉遣いにも、ぼくは少なからず躊躇する。年少者に「キミたち」呼ばわりすることは平気なのに、である。

ふたつの「躊躇」には、もちろん理由がある。

広告中年説。

躊躇②に関しては、仮説というよりも「これまでそういう話にならなかったけど、まあそういうことかもしれないね」という結論にすぐに達する。

「『あなた』呼ばわりできないのは、広告の送り手が『中年』だからなのではないか？」。

広告の送り手の大半は、企業や官公庁である。つまり送り手の現場にいる者は（クライアントであろうと、代理店営業であろうと、クリエイティブのスタッフであろうと）、おおむね60歳以下（つまり定年前）ということになる。その中でも、判断者や決定者は宣伝部長の年代からも推測できるように、いわゆる「中年」であることが多い。

アイデアという点においては、若い一途さも乱暴さもひとつの選択肢ではあるが、「広告はマスを確保するもの」という性格上、ターゲットの「最大公約数」の範囲を逸脱できないこと（つまりマスの合意を取り付ける「落としどころ」を会得していること）や、最終的には「エラい方の人」の判断に委ねられることから、「中年」的な理性と知性に従うことになる（それは広告だけにとどまらない）。

その年代感が少年を躊躇なく「キミ」と呼び、自分より年長の高齢者を「あなた」と呼べないことにつながっているのではないか。広告は相手によって、年上で年下なのだ。それは広告が匿名の作業であるにもかかわらず、そのコミュニケーションのありようをよく読めば、送り手自身の素性を告白しているようだ。

「老人」は失礼な言葉か？

躊躇①に関する仮説は、問題の根っこに至る。それは深い。

そもそも「高齢者」「老人」「年寄り」、強いては「おじいさん」「おばあさん」という言葉に問題があったから、言い換えようとするのだ。それらの言葉は元来、「衰えた」「弱い」「アクティブではない」というネガティブな意味を内包しているのではないか。

「高齢者」「老人」「年寄り」には「ご」や「お」が、しばしば前につけられる。

「おじいさん」「おばあさん」などは、「お」なしでは相当乱暴な響きとなる。その「ご」や「お」は敬意からだけのものとは言えまい。その言葉のままでは投げ出しにくいニュアンスを持つことの、傍証となってはいないか。

「おじいちゃんにも、セックスを。」は、1998年1月3日の全国紙朝刊に掲載された。「セックス」という言葉、それがスポーツ紙じゃない新聞に出現したこと、あまりにシンプルな構成要素、緊張感のあるレイアウト、そのすべてがその日一日の挨拶代わり（アレ、見た?）のニュースであり、同じ広告の送り手として、密かに（激しく）嫉妬したことを覚えている。

当時のぼくは、この広告を「タブーに触れる」「既成概念への疑念を呈する」という広告主の姿勢のひとつの発露と捉えていた。少なくともぼくらは、既成概念を突き崩されたのである。それは間違ってはいないが、理解が足りなかった。

宝島社（1998年）CD：笠原伸介／C：前田知巳

老人のセックス調査

ところで、「おじいちゃん」と「セックス」である。「おじいちゃん」はいくつなんだろう？　何歳くらいの男性に「セックス」なんだろう？

それを巡る興味深いふたつのデータがある。

ひとつは、この広告の出稿の約5年前、１９９２、９３年に笹川医学医療研究財団が行った「老人のセックス調査」である（日本財団会長 笹川陽平氏ブログより）。一部を引用して数字を淡々と書き連ねると、60代後半の男女（n男性＝１３９０、女性＝３４４）で「週１〜２回の性行為がある」は男性３・０％、女性１・２％、「２週に１〜２回の性行為がある」は男性14・２％、女性７・６％、「ゼロ（セックスレス）」は男性19・６％、女性45・６％。（以下女性データは割愛して）70代前半の男性の数値は各々「１・６％」、「10・０％」、「27・９％」。70歳代後半の男性の数値は各々「０・２％」、「５・３％」、「44・０％」とある。データが古く、調査を俯瞰したわけではないので参

図表　年齢別 男女の性交渉回数調査（1993年）

年齢	性別	回答数	週1〜2回	2週1〜2回	ゼロ
50代前半	男	358	12.30%	25.40%	5.00%
	女	378	15.10%	21.20%	11.40%
50代後半	男	486	9.10%	21.80%	7.80%
	女	291	6.20%	14.40%	26.80%
60代前半	男	1864	4.30%	20.50%	12.40%
	女	266	2.30%	10.50%	34.60%
60代後半	男	1390	3.00%	14.20%	19.60%
	女	344	1.20%	7.60%	45.60%
70代前半	男	1177	1.60%	10.00%	27.90%
	女	274	0.70%	2.20%	56.80%
70代後半	男	627	0.20%	5.30%	44.08%
	女	274	0%	3.50%	70.20%

出典：笹川医学医療研究財団「高齢者の性に関する研究」（表は、日本財団会長 笹川陽平ブログより）から一部抜粋　※現 笹川記念保健協力財団

考にとどめなければならないが、このデータをリアルタイムに新聞で見て驚いた記憶が確かにある。

5年遡ってすでに、「おじいちゃんも、セックスを」していたのである。それがニュースになるような異聞であったのは、この調査の発案者である笹川氏が述べているように「高齢者のセックスは社会的にタブー視され（中略）はしたないものとされていた」からである。「はしたない」という表現に、旧来のネガティブな見方を垣間見る。

しかし、もうひとつのデータは「高齢者」への旧来の視線を、あっけなく裏切る。最近聞き慣れた言葉「高齢（65歳以上）化率」である。日本の1990年の高齢化率は、12・1％。「高齢者はこうであらねばならぬ」と型にはめられていた社会の少数者である。

1995年には14・6％（前出の2データは国勢調査による）となるものの、高齢者の立場に大きな変化は想定されない。直近の2013年の高齢化率は25・0％（同9月時点での人口推計、総務省統計局「統計からみた我が国の高齢者」）に達している。25％は単純に日本の4分の1ではない。母数を成人とすると、その割合はさらに上がる。選挙に行く投票者率としてみれば、果てしなく多数派に近づくのではないか？ 2012年の第46回衆議院選挙における60代の投票率は74・93％、30代50・10％、20代37・89％だ（総務省「国政選挙の年代別投票率の推移について」より)。

高齢者は若い。

世界保健機関(WHO)によると、高齢者は65歳以上である。日本においても明確な決まりはないが、およそそれに準じる。老人を「老人」とも書けず、おじいさんを「おじいさん」とも呼べず、そしてその代替案にも困るのは、旧来の「老人観」が、現状の彼らの像と重ならないからかもしれない。

事実、こんなこともあるらしい。公共交通機関では若者はお年寄りに席を譲る、があるべき姿というもの。しかし試しに、「席を譲る 怒られる」と検索してみると、「席を譲って、怒られた」というエピソードが大量に出てくる。「老人扱いするな!」ということらしい。

席を譲らなければ世間に責められ、席を譲れば譲った相手に拒否される。

「老人扱いするな」

そんなややこしい事態を生じさせているのも、この数年間に激変した（そして激変し続けている）「彼ら」の状況ではないか。

広告は旧来、高齢者との積極的な関係を求めてこなかった。肉体的にも、経済的にも、社会的にも「衰えて」「弱い」高齢者はメインのターゲットではなかったのである。高齢化が進行する中で、高齢者層が魚影の濃い池（金になる消費者）となるにつれ、広告をはじめとする送り手の「中年」たちは、大急ぎで次から次へと、いろんな言葉を繰り出すこととなった。

「シニア」「シルバー」は言わずもがな、1980年代に電通が広めた「熟年」。1985年に当時の厚生省が公募して決めた「実年」や、2001年に博報堂が提唱した「ニューエルダー」「マチュア」とか。最近では「グランド・ジェネレーション」というのも登場した。決定的な解決案がないから、やたら言葉が増えていく（結局、冒頭の問題は解決されていない）。

「高齢者のセックス」の特集は、週刊誌の目玉らしい。そのテーマを巡る報道も、もうタブーでもなく腫れ物でもなく、売り物である。そのかつてのタブーに1998年に切り込んだのが、「**おじいちゃんにも、セックスを。**」であったのだと思う。

ここまでは、この広告を見た朝に気がついていた。しかし、このコピーの価値はそこだけにはなかった。

来るべき（今来ている）高齢化社会に真正面から向き合いながら、「セカンドライフ」でもなく「豊かな時間」でもなく、「セックス」という生命の根源的な言葉で、年をとったくらいで心も身体も腰を屈めることのない生き方を提案していたのだと、今なら読める。

生命の根源

（2014年8月号）

ナイーブとデリカシー

前田知巳

もう20年以上前になるが、僕がまだ博報堂にいたころ、ある先輩から
「コピーライターとは、だいたい、女々しい人間がなるものである」と
貶し気味に言われたことがある。

僕にはそもそも、「女々しい」という言葉の意味が分からなかった。
もし「女々しい」という言葉を、その先輩が
「受動的」「陰湿」「嫉妬深い」的な意味で使っていたとしたら、
この人はどうしようもない時代錯誤のアホ人間だな、
ということを思った記憶がある。
それどころか、これは僕の拙い経験上ではあるが、
仕事で成功している、とされる人々といろいろ会ってきた中で、

「この人は雄々しいな」と感じる人は、ほぼいなかった感じがする。
企業のトップのみならず、政治家の中曽根康弘さんや
故・後藤田正晴さんからいろいろな話を聞かせてもらった時も、
その感覚は変わらなかった。

「雄々しい」という表現は、僕の中では万が一の戦時下にならない限り
(戦時下に生きたことがないので確約できないが)、
後先のことを考えない、ほとんど「バカ」に近い言葉になる。
逆に「死んでも憲法9条を守る」という信条を語ってくれた
故・土井たか子さんに「雄々しい」という言葉をはめると、
途端にその言葉が活きてくる。
「女々しい」は男にはめる言葉、「雄々しい」は
女にはめてふさわしい言葉なんだと思う。

いずれにせよ、僕がこれまで出会わせてもらった人たち、
僕が魅力を感じさせてもらった人たちに共通すること、
それは、「ナイーブとデリカシー」、
そのどっちもの感覚に長けた人たちだったと思う。

ナイーブとデリカシー、日本語に直訳すれば、
どっちも「繊細な」という言葉が該当するだろう。
これを解釈すれば、ナイーブは、内なる自分との繊細な対話、
デリカシーは、自分と外の人々との繊細な調和。
どっちも「繊細」という感覚が前提だが、この内と外のバランスが
取れるか否かに、トップとしての力量が現れると思う。

この書物をご覧になっている皆さんはとっくにお気づきのことと

承知で言うが、山本高史の言葉は常に、どちらかから一方向ではなく
「企業と生活者のあいだ」で活き活きと行ったり来たりしている言葉である。
「人に気付きを与えながら、人に鬱陶しさを感じさせない言葉」である。
これはコピーライターとして同業である僕からすれば、
なかなか真似のできないこと、嫉妬すべきことである。

「ナイーブとデリカシー」を備えている能力で、
そしてそれをその時々の感覚で表現していく能力で、
山本高史は、これからもいろんな分野、
いろいろな人たちから依頼を受け続けていくのだろう。

前田知巳
コピーライター。博報堂を経て１９９９年からフリーランス。広告表現、ネーミング、商品コンセプト、広報、企業ビジョンの策定など、「言葉の力」をもとに様々な分野で活動している。これまで、トヨタ、ユニクロ、キリン、森ビル、エン・ジャパン、全日本空輸、宝島社などを担当。朝日広告賞審査員。ＪＲ東日本交通広告グランプリ審査員。

前田さんは、勝手にぼくと似ていると思っています。
ナイーブとデリカシーという言葉を捧げ返します。
それはコミュニケーションの資格だと思う。

5

「こんにちは土曜日くん。」

土曜日の幸福について。

伊勢丹（1972年）

担当しているある講義中のやりとりの中で、大学に入ったばかりのひとりの学生から、「土曜日に講義があるのは困る」という話が出た。

そんなこと、ぼくに言われてもこっちこそ困るのだが（文部科学省に言え）、彼女の主張は、土曜日に必修科目をあえて配置して登校しなければならないように仕組むのはズルい、土曜日にはクラブやサークルの試合が多く、その必修の講義を休まなければならないのでマズイ、ということだ。

もちろん無条件にうなずくつもりはないが、彼女の言い分は理解できる。彼ら（1995、6年生まれ）にしてみれば、つい数カ月前に高校を卒業するまでは土曜日は休日だったのだ。2002年度に公立学校の完全週5日制

「土曜日に講義があるのは困る」

（週休二日制）が始まった。「ゆとり教育」の一環である。彼らは6、7歳にして、週休二日の恩恵を受けたわけだ。

かたやぼく（1961年生まれ）が6、7歳の頃は、言うまでもなく土曜日は小学校で、ただ授業は昼までだった（どうでもいいことだが、まっすぐ家に帰って、吉本新喜劇を見ながら母親のつくったお昼ごはんを食べていた）。

彼らとぼくの間に、30余年の隔たりがある。つまり彼らは大学に入ることによって、大げさに言えば、昭和以来この数十年かけて日本社会が成し遂げてきた時短の流れに逆らう方向で、重大な既得権を失ったのである。

まあそれはそれとして、そのことをぼんやり考えているうちに、あるコピーを不意に（あるいは自然な流れとして）思い出した。

「こんにちは土曜日くん。」。

今回取り上げる、伊勢丹の広告コピーである。

伊勢丹(1972年) C：土屋耕一

一日、ふえたのですね、自分の時間が

土曜日の喜び。

このコピーは、土屋耕一さんが1972年に書いた。

『日本のコピー ベスト500』のベスト100にも選ばれており、その選評を担当したコピーライターの小野田隆雄さんは、「土曜日が休日になった頃。遠い昔。あれは、ずいぶん自分が豊かになった気がしました。一日、ふえたのですね、自分の時間が。どのように使おうか。そんなうれしさが、伝わってきました。（中略）やさしいときめきのあるコピーでした」（原文ママ）と書いている。

1972年のそのコピーを、「その時／その場」で受け取った人のコメントである。事実、同年の日本の出来事を挙げてみれば、「札幌オリンピック」「沖縄返還」「日中国交正常化」「日本列島改造論」「あさま山荘事件」「横井庄一さん」と並ぶ。それまでの日本がそれからの日本へと、オーバーラップしながらも、変化の方向性を確実に示そうとしている時代のようにも見て取れる。

「**こんにちは土曜日くん。**」のボディコピーにもこうある。

「週休二日になったら。土曜日が働く日から休む日へ変ったら。そのとき、私たちの生活にも、また変化がおきるでしょう」(原文ママ)

生活の変化とは、取りも直さず消費の変化、つまり新しい消費の創出である。なにしろ百貨店の広告である。しかし「土曜日くん」の、小野田さんのようなリアルタイムの受け手ではないぼくの気持ちにまで引き起こされる陽性のざわつきは、そんな「新しい消費の創出」では説明がつかない。

小野田さんが「やさしいときめき」と書いていたような、コピーや広告全体から醸し出される「うれしい」気分は何ごとなんだろう? キャッチフレーズの書体まで、ウキウキしているように見えるではないか?

書体まで、ウキウキしているように見える

仕事のこやし。

ここでひとつ、「土曜日くん」に関して注釈を加えなければならないことがある。このコピーは、今考えれば「週休二日制の施行を目前に控え、伊勢丹という百貨店がそのタイミングを捉まえてのもの」であるはずなのだが、実はデータを調べれば、そういうわけではなさそうだ。

1972年に土曜日を休める労働者は全体の35・9%に過ぎず、しかもそれは「月に一日の土曜が休日」まで含めた範囲での「週休二日」であって、「完全週休二日」に至っては、全労働者中のわずか5・8%であった(ちなみに、2013年の完全週休二日制適用労働者の率は、従業員30人以上の全企業中61・0%に及ぶ)。

調査の翌1973年には、前出の35・9%という数字は、54・7%にジャン

図表　週休制適用労働者数の割合

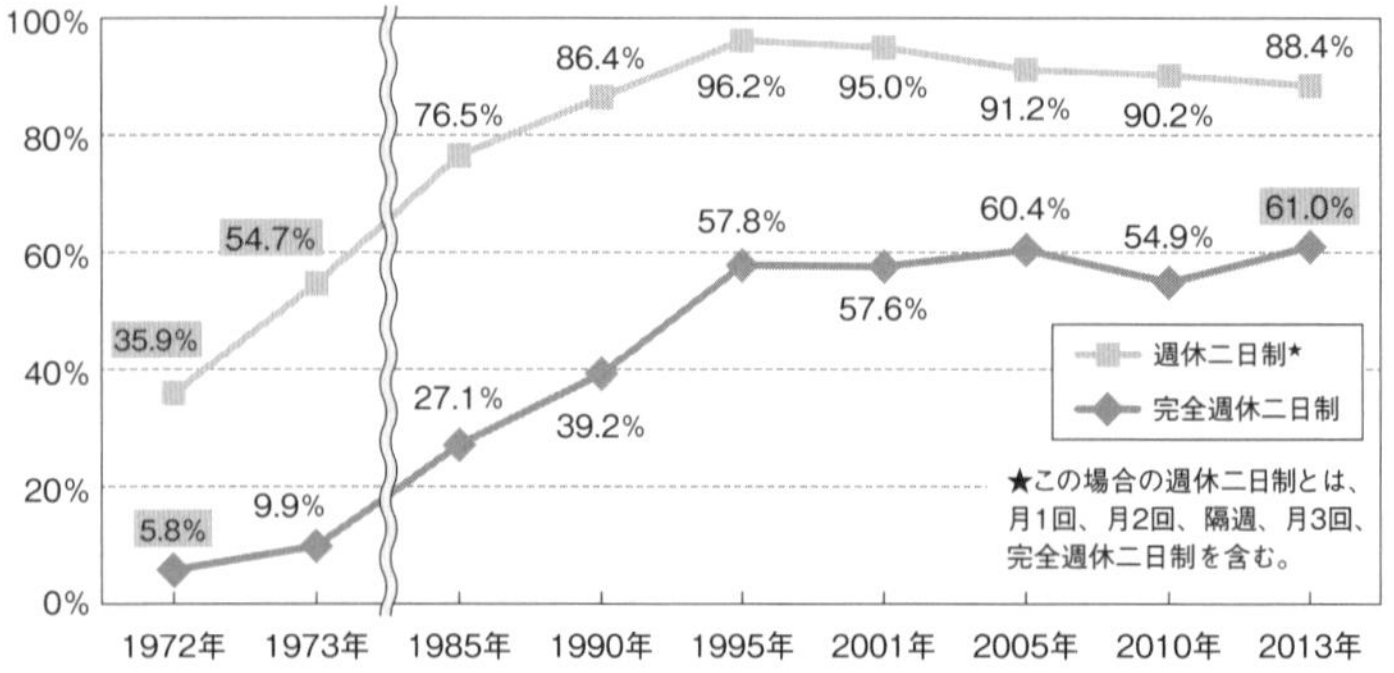

出典：厚生労働省「就労条件総合調査」（1985年より後は、約5年間隔でグラフ化）

プアップするので、この広告の描いた生活が絵空事とは言わないまでにしても、今日《こんにち》の広告づくりのセオリーからすると、「いやいや、まだその提案は早いんじゃないの」ということになる（なにしろ数通のクレームメールで、テレビCMのオンエアが打ち切られる時代である）。

ところが、この広告自身からして、どうやら「土曜日くん」に会える日を心待ちにしている。

仮にそのコピーを受ける消費者の多

「土曜日くん」に会える日を心待ちにしている

くが、ぼくらの怖れる通りに反感や違和感を抱く可能性があったとすれば、断言してもいい、「土曜日くん」は世に出ていない。広告とは世の中と合意を取り付ける作業であるからだ。合意が期待されなければ、広告は世に出ない。合意されなければ、モノは売れない。

土屋さんは、ある取材でどんな時にアイデアが出るのかと問われ、「自分のすごしている時間全体がこやしになっているのであって、アイデアは、ひらめきや具体的なヒントによるものではない」と答えている。コピーを書く、広告をつくるとは、まさにそういう作業だと思う。

土屋さんの「自分のすごしている時間全体」が、「**こんにちは土曜日くん。**」を紡ぎ出した。土屋さんの1972年の「すごしている時間全体」とは、土屋さんの1972年の「時代／社会／人間」に他ならない。広告と「時代／社会／人間」の描く位置関係が、くっきりと見えてくる。

うれしさを共有する。

変化が、「悪くなる方向」よりも「よくなる方向」のものであると思えた時代。明日を考えることが、「不安」ではなく「希望」の側に傾いていた時代。そして「モーレツ」からの脱却を基調とする社会のうねり。

だからこそ、いつかやって来るはずの明日のための提案は、受け手にとっては提案そのものがベネフィットと感じられたのだろう。「希望」だけで、ベネフィットとなる時代があったのだ。

明日が待ち遠しいのは、今日に何かが足りないからだ。

同じ1972年の山陽新幹線岡山開業のスローガンは、「ひかりは西へ」である。まだ日本社会に光が足りなかった時代に、新時代の光が(もちろん超特急ひかりと掛けている)日本を照らしながら、先へ先へと超高速で走る。その

明日が待ち遠しいのは、今日に何かが足りないから

姿を想うだけでも、今でも(今だからこそ)眩しい。

そもそも広告とは新しいモノやシステムや文化に、受け手の心をときめかせてあげるものではなかったか。お尻を誰も洗ってくれなかったから、「おしりだって、洗ってほしい。」のだ。音楽と一緒にいたかったのにそれができなかったから、ぼくらは「人類は、男と女とウォークマン」に進化したのだ。足りなかったから、そこには確かに「次」があった。広告制作者は受け手である消費者と、新しい価値の「うれしさ」を共有し、その到来を祝福するのである。「**こんにちは土曜日くん。**」の10文字にその思いは語り尽くされていた。

すでに獲得されている、ということ。

逆に、こんな辛い言説を目にしたことがある。それは、例えばニート、引きこもり、フリーター、草食系から少子化までをも「社会インフラの充実、もしくは飽和」に求めたものだった。高度経済成長期（おそらくそれに続く1972年も）の社会は成長中で、つまり伸びしろがあり、つまり完成していない。

具体的には、道路や下水道や鉄道や通信が、まだ不足なく機能できる状況には達していなかった。だから国民は、納税者として社会の発展のための分担を求められたが、同時に自分の納めた税金が社会インフラや道路や下水道や鉄道や通信にカタチを変え、自分に少なからぬお返しをしてくれた。やがて、伸びしろは幸か不幸かどんどん小さくなり、社会インフラは必要十分な状況を迎える。まさしく「今」だ。

自分の一助で社会に奉仕し、自分の一助で改善された社会に生きる喜びは、忘れられた昔話のようだ。納税の意義は、福祉や環境に方向を変えられ

それは幸せか

たが、しかしそれらは、日本社会を右上に押し上げていたダイナミズムとは、性格を異にする。納税の、つまり勤労の結果として自分に跳ね返ってくるものも、かつてのような手応えのあるものではない。

つまり、ニート、引きこもり、フリーター、草食系、少子化は、社会にコミットメントするモチベーションの低さの産物である、ということらしい。残念ながら説得されてしまいそうだ。

獲得した状態から始めることはもちろん幸せだが、にもかかわらず問う。それは幸せか。マイナーチェンジが繰り返されても、オプションがどれだけ追加されても、世の中は「うれしい」とは思わない。


(2014年9月号)

6

「無くしてわかる有難さ。親と健康とセロテープ」
喪失は発見である。

ニチバン（1987年）

広告は、本来的に多数（マス）を確保しなければならない。自らのメッセージにうなずいてくれる相手として、10人の賢者と1万人のアホ、どちらが欲しいかと問われれば、ぼくら広告制作者は躊躇なく後者と答えなければならない。

広告の目的はクライアントの利潤の最大化である。その論点において問われるのは、消費者（お金を使ってくれる人）の質ではなく量である。「マスを相手にする」という認識ならば、別に広告に限ったことではない。政治家はその投票者の内情まで気にはしない。欲しいのは自分の名前が書かれた紙だけだ。誰が衆愚と騒ごうが、一票一票が清き一票である。

10人の賢者と1万人のアホ

テレビの視聴率だって、とれればいいのだ（テレビはある意味、広告媒体そのものなので、広告とは同じ穴の何とかだが）。局はスポンサーのために視聴者の属性（年齢、性別、収入ナンボ）は気にするが、基本的にはその思想信条まで問う必要はない。

そんな合理的にしてクールなルールの下で、ぼくらはマスコミュニケーションをせっせと構築している。制作者個人の人生観や価値観や美意識がどれだけ高尚なものであっても、そのルールに先立つことはない。

アホでも数の内。

もう少し、居心地の悪い話を続ける。

この連載で「時代／社会／人間」というテーマで書き続けているのは、広告（名作と称されるものだけじゃなく）を読み込めば、その折々の「時代」の現場、長い年月をかけた「社会」の大きなうねり、そして「人間」という存在が見えてくるからだ。それは、ぼくの送り手としての経験が気づかせてくれた。

先回、土屋耕一さんの「自分の過ごしている時間全体がこやしになっているのであって、アイデアは、ひらめきや具体的なヒントによるものではない」という発言を引用したが、彼の言う「自分の過ごしている時間全体がこやし」というのは、ぼくにとっては生きている、また生きてきた時間の（「その場／その時」における）「時代／社会／人間」の脳への蓄積（脳内データベースの拡充）に他ならない（我田引水、土屋さんすみません）。

その蓄積は他者との認識や理解の共有の、さらなる可能性を促す。例えば、ある企画作業に入ったなら、ぼくの脳の中に蓄積された「時代／社会／人間」という「こやし」が、受け手と共有する実感や思いを探そうとする。

「こういう時代だよな、痛みはここに、救いはここにあるよな」「受け手も

数を取りに行くのだ

そう感じているに違いない」「だからこういう提案をすれば、受け手の共感を獲得できるだろう」というふうに。

共有感を醸成するために、広告は時代のありようや社会の動きに擦り寄っている、おもねっていると、悪意を持って眺めることもできる。広告なんて、大勢（マス）に流される軽佻浮薄なものであるとの論も、遠い昔から絶えない。そうだよ、確かに広告は必然的にそうならざるを得ないことは多い。アホでもなんでも数を取りに行くのだ。しかし受け手に擦り寄らなければならないのは、コミュニケーション自体が本質的にそういうものなのだ。

水は低きに流れる。

文化庁が平成７年度（１９９５年度）から実施している「国語に関する世論

調査」というものがある。その平成24年度版（2013年3月実施）の絶望的な調査結果を記す。

いくつかの言葉について、正しい意味を問う設問がある。

「流れに棹《さお》さす」。

（ア）傾向に逆らって、ある事柄の勢いを失わせるような行為をする

（イ）傾向に乗って、ある事柄の勢いを増すような行為をする

正解は（イ）である。正答率は23・4％。（ア）を選んだ人は59・4％。

「噴飯《ふんぱん》もの」。

（ア）腹立たしくて仕方ないこと

（イ）おかしくてたまらないこと

噴飯《ふんぱん》もの

正解は（イ）である。正答率は19・7％。（ア）を選んだ人は49・0％。

この事実は、「日本語の乱れには困ったもんだよねえ」どころではないことを指し示す。

「この機に流れに棹さすべきだよ」と言葉を正しく使ったら、59・4％の人から「あの人、よりによってこの機に日本語間違えてるわ」と思われる。「彼のアイデアは噴飯ものだね」と漏らしたら、49％の人に「やっぱりこの人、あの珍妙なアイデアに怒っている」と思われる。

その受け手は自分は正しく理解していると信じて、送り手の言葉に反応しているのだ。誤解ですらない。正しさを実行すればバカだと評価される。正しい日本語の送り手がクレバーなら、もうその言葉は使わない（そしてその言葉は絶滅の危機にさらされる）。

しかしこれは、「嘆くべき現代の病」ではない。コミュニケーションの根源的なメカニズムである。コミュニケーションにおいて、特に言葉は、話したり書いたりしている内容の意味を共有していなければ、伝えることは難しい。「雪」を知らない民族に、「雪」を正確に伝えることはおよそ不可能、という類いのことだ。

広告が正確に伝えたいと願えば願うほど、受け手が受けられるボールを投げるしかない。わかってもらわなければ仕事にならないとすれば、わかってもらえる範囲でしか仕事は成立しない。先述した言葉を巡る事実が、それを証明している。

かつて「時代と寝た女」と称された女優がいたが、広告は未だに嬉々として(人々の)尻《ケツ》を追いかけている(ぼくもその中のひとりだ)。それがどんな尻《ケツ》でも、である(マスコミュニケーションの送り手であるマスメディアが、世相をしばしば衆愚などと批判する。ケケケ、噴飯ものである)。

受け手が受けられるボールを投げる

人間の、人間のための仕事。

イヤな感じの前置きが長くなり過ぎた。

あらかじめ予告しておくと、今回は前編である。それくらいのサイズのテーマだと思うからだ。「時代／社会」という、変わりゆくものと広告との関わりについて語ることは、尻《ケツ》を追いかけることを生業とする広告からしてみると、むしろたやすい。

しかし、ぼくが広告のバックグラウンドとして掲げるもうひとつに「人間」がある。脛を打てば痛い、恋すれば楽しく苦しい、ウソをつく輩は信用しない、行列があれば何だろうと思う、のようなこと。「時代／社会」と違って、不変・普遍の（とも思える）事象である。

ひとつのコピーを挙げる。

「無くしてわかる有難さ。親と健康とセロテープ」（１９８７年）。仲畑貴志さんの、ニチバンのコピーである。

１９８７年の日本は、バブル経済の黎明期だった。６月には日経平均株価は２万６０００円に達し、東京都の１年間の地価上昇率は85・７％である（銀座の１坪に１億円の値がついた）。

これまで取り上げてきた「わんぱくでもいい、たくましく育ってほしい」からも、「おじいちゃんにも、セックスを。」のような「人間」に向けた広告からも、その広告の生まれた「時代／社会」を遠望することができた。

ところが、この「セロテープ」のコピーからは、華やかに浮かれた１９８７年という時代を垣間見ることもできない。１９８７年に書かれる必然性がないのである。

読み取れるのは、「人間」という存在に対する温かな眼差しと、その向こう

東京都の１年間の地価上昇率は 85.7%

ニチバン(1987年) CD＋C：仲畑貴志
※(下)愛知県安城市 ニチバン工場

にある「人間」の変わらぬ営みである。それは、この「無くしてわかる」に限ったことではない。広告にとっては、「人間」を見つめることも「時代」に追随することと同じく、やはり必然的なことなのだ。

こういうことだ。

よりクリーンで安全なクルマが増えれば、社会はもっと住みやすくなる。より有効な医薬品が登場すれば（それが二日酔いのためのものであっても）、人々はもっと生きやすくなる。新たな商品やサービスは消費者の問題を解決したり負担を低減することで、人間社会に貢献しようと世に送り出される（その後それによって金を儲ける）。そんな商品やサービスを、広告は大量に売ろうとする。つまり、「人間」の幸せの総量を増やそうとしている。

広告は多数の獲得を目指すビジネスであるがゆえに、変化（それが劣化で

「人間」の幸せの総量を増やそう

あろうと）に追随することも、状況（それが一過性のものであろうと）におもねることも、むしろ積極的に厭わない。しかし広告には、本来的な善意がある。優れた商品を最大限に売ることによって、社会の発展・改善や人間生活の向上に、最大限に貢献するのだ。

クライアントの利潤の最大化は、実はその指標である（指標に過ぎない）。そこを忘れると、ましてや失うと、広告は本格的に危ない。

「無くしてわかる有難さ。親と健康とセロテープ」を「読んだ」時の、無くしたものを偲ぶ胸の締め付けられるこわばり、そしてその思いを見つめる眼差しに胸のこわばりの温かくほどける思い、そしてその向こうに、あまりに肥沃な「人間」を思い知った。

セロテープを欠かすまい。

（2014年10月号）

7

「『人間は、全員疲れているのだ』と仮定する。」

足りないから欲しいのだ。

TOTO（1988年）

先回、「広告の善意」に触れた。

ぼくに広告の目的を問われれば、クライアントの利潤の最大化、と答える。そこに変更はない。企業はもちろん、自社の商品やサービスがひとつでも多く消費者に購買されることを希求し、1円でも多い利益を願う。

しかし、こうも考えることができる。例えば温水洗浄便座「ウォシュレット」はTOTOの売上に貢献したが、その商品を購入することで、消費者は相対的に快適で清潔な生活を手に入れることができ、快適で清潔な生活の総体は快適で清潔な社会をつくる。

「プリウス」はトヨタ自動車の売上に貢献したが、その商品を購入することで消費者は相対的に環境負荷の小さい生活を手に入れることができ、環境負荷の小さい生活の総体は環境負荷の小さい社会をつくる。

商品やサービスは基本的に(すべてが、と言えないところが辛いところだけどね)、より生きやすい人生とより暮らしやすい社会をも、志向していると考えることもできる。

広告は、それを最大化することが仕事だ。広告は自慢話に他ならないが、それは告白や誘惑にも似ている。「オレはできる。オレを使えばアンタはもっと幸せになれる。あんなヤツ(現使用商品)なんかやめて、オレにしなよ」というような論法だ。まるで、心変わりをそそのかす、略奪者の手口である。

しかしそこには、相手(消費者)への疑いようのない愛が見える。そして根源的な善意に裏打ちされたように、しばしばよりよい社会への意思や態度もあからさまにする。

人の心の隙間。

ＴＯＴＯの「『**人間は、全員疲れているのだ**』と仮定する。」（１９８８年）というコピーは、仲畑貴志さんによって書かれた。

ぼくは『日本のコピー　ベスト５００』の選評において、「このコピーはすべてのコピーライターに向けられた一行の教科書である」と書いた。その理由を以下に述べる。

広告の提案が受け入れられるためには、そのための「スペース」が受け手に用意されていなければならない。不満や不安、欲望や欠乏のようなことである。モノやコトが充足し、品質が高度に成熟すれば、消費者は「おなかいっぱい」になる。満腹だと、相当においしそうな食べものでも、食指は動かないものだ。ひもじい時のおにぎりは救済だが、満腹時におにぎりを差し出さ

一行の教科書である

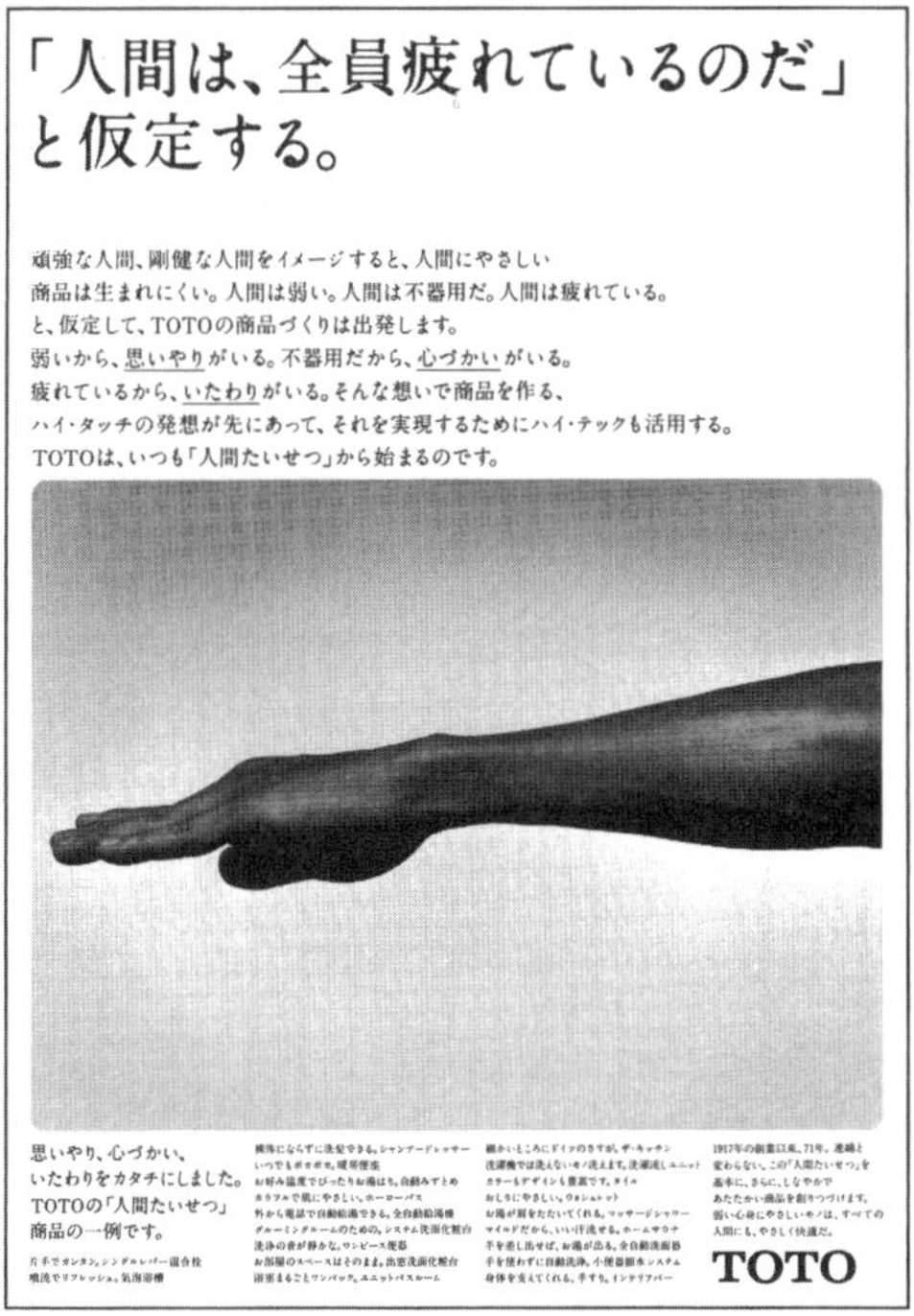

TOTO（1988年）CD＋C：仲畑貴志

れれば、その善意の主の察しの悪さはむしろ迷惑とも思える。

同様に、使い慣れた商品たちに満足して過ごす安定した生活に「オレを使えばアンタはもっと幸せになれる」と入り込んでくるものがあれば、それは単なる侵入者ということになる。広告には疑いようもない消費者への愛が練り込まれているとしても、方法論を適切に選べなければその恋は成就しない。

話は変わりながら続く。

例え話である。バナナの叩き売りをやっている。

「サアサア買うたサア買うた／こういうバナちゃん六百円／買わなきゃ五九、五八か／五八ゃ昔の色男／それに惚れたが小むらさき」（バナナの叩き売り発祥の地 門司港WEBより、原文ママ）。

面白そうだと立ち止まる者もいるが、誰も腹が減っていなければバナナなんぞに興味もない。バナナ売りの男はそんな見物人を客としなければならない。「うまいよ」と誘おうが、腹が減っていないのだ。「安いよ」と言っても、もともと買う気もないのだ。「栄養豊富だよ」とかぶせても、そんなことと
っくに知ってるよ、だ。

でも、「そんじょそこらのバナナとは、ちょっと違うんだけどな」と言ったら、数人が興味を持った。腹いっぱいでも興味だけなら持てる。

「おにいさん、子どもいる?」と、最前列でぼーっと見ていた30代サラリーマンがつかまる。「2人、7歳と3歳」と答えてしまう。「買って帰ってやってよ。子どもにバナナは最高だよ。食べてみて」と試食させる。

食べさせれば、まずいバナナの方が珍しい。「ね、ちょっと違うでしょ?」と問われた若い父親は「これがちょっと違う味か」と思う。腹も減っていなかったし、バナナにも興味はなかった。

しかし、「うまくて」「安くて」「栄養豊富で」「ちょっと違った」「バナナ」では動かなかった消費者は、「子どもが喜んでくれる(またはそれを持って帰っ

た自分の株が上がる）」という文脈が提示されることによって、購買へと動くこととなった。

バナナ売りは、「子ども」というバナナをベネフィット化できる文脈を提示し、若い父親はそれを受け入れる「スペース」を用意したのだ。バナナの叩き売りと、「**『人間は、全員疲れているのだ』と仮定する。**」のコピーを並べることに違和感はある。

しかし送り手と、送り手に興味を持つとは限らない受け手が対峙するコミュニケーションという点においては、両者に大きな隔たりはない。

広告は穴埋めだ。

「**『人間は、全員疲れているのだ』と仮定する。**」は、次のようなコピーにつ

受け手の中の「スペース」

ながっている。

「(前略)人間は弱い。人間は不器用だ。人間は疲れている。と、仮定して、TOTOの商品づくりは出発します。弱いから、思いやりがいる。不器用だから、心づかいがいる。疲れているから、いたわりがいる。(後略)」

「弱い、不器用、疲れている」という仮定にうなずいた瞬間、受け手の中に「スペース」は用意されるのである。そこに向かって「思いやり、心づかい、いたわり」という解決策を示唆しているのである。自ら言葉を持たない無口な商品群に代わって、広告がその気持ちを受け手に伝えている。

しかし、商品のどんなに素晴らしい事実も崇高な精神も、受け手(消費者)にベネフィットと認められなければ、意味がない。欠乏が前提であった時代なら、受け入れる「スペース」はあらかじめ用意されていた。飽食の時代と言われなくなってからも久しい。「おなかいっぱい」の受け手に「欲しい」と思わせるには、広告が積極的に仕掛けなければならない（バナナのように）。

送り手側が具体的な問題をまず掲げ、その解決を示唆する。「疲れている」と「仮定」されて、「まったく疲れてないよ」と真顔で反論できる人は多くない。気持ちよく「スペース」をつくり、「スペース」を気持ちよく埋める。この思いやりと心づかいといたわりに満ちたコピーは、温かい言葉を重ねながら巧妙に仕掛けている。

そのやり口は、言葉というコミュニケーションの本質（「送り手は受け手の要望を満たすことによって、自らの欲望を叶えようとする」、拙著『伝える本。——受け手を動かす言葉の技術。』を立ち読みしてください）にまで遡る。

これが、「一行の教科書」と書いた理由である。

広告は善意だ。

送り手が駆使する、受け手の状況に対する想像力は、思いやりとも呼べる。受け手の状況に対する提案力は愛とも見える（無償の愛ではないが）。「疲労の少ない」生活の総体は、「疲労の少ない」社会をつくる。

ぼくはこのコピーに「時代」に惑わされない、「社会」に流されない、広告が本来的に持っている「人間」への眼差しを確信していた。ところが、そればっかりでもなかったらしい。

1988年は、東京ドーム、青函トンネル、瀬戸大橋の年だ。「24時間戦えますか？」の歌声が響き、前年のブラックマンデーを乗り越えたかのように、バブル経済は生活の中に実体化した。しかし過ぎた繁栄は、崩壊の到来を予感させることがある。仲畑さんは、その1988年の日本社会に「疲労」を見ていたのである。

「結局、広告は（自分も）時代の空気からも社会の刷り込みからも、逃げられないものだ」と、仲畑さんは言う。

広告というコミュニケーションを結ぼうとするのならば、やはり「時代／社会／人間」から逃げるわけにはいかないのだ。「時代」や「社会」に突き動かされるのも、「人間」の本質だ。つまり3者は不可分なものであり、「人間」という概念は単独では成り立たない、という結論で締めることができるが、仲畑さんからさらにある示唆をいただいた。

「時代や社会から逃げるわけにはいかないが、人はそこから情報を無意識に選択している。それは論理的にではなく生理的にだ」。

あらゆるものを受け入れることは、逆に分裂をきたす。自分にフィットする情報を選択し続けることが、広告における「作家性」というものかもしれない。それがゆえの「無くしてわかる有難さ。親と健康とセロテープ」であり、「**『人間は、全員疲れているのだ』と仮定する。**」なのだろう。

あらゆるものを受け入れることは、逆に分裂をきたす最後に「広告の善意」について尋ねた。

「だったらいいな、やな」と仲畑さんは言った。

「それは広告屋の矜持やけど、言わんほうがええな」。そんなこと、クライアントに共有を強要するわけにもいかないし、受け手の善意ある理解をあてにすると、仕事が幼くなる。

だから、「言わんほうがええ」なんだと理解した。


（2014年11月号）

道具としての、ことば

仲畑貴志

時代の様相や、社会の要求や、生活者の希望などを呼吸して、
クライアントの願望を達成しようと、
あれこれ考えてこさえるのが広告表現である。
とすれば、広告表現から逆照射することによって
現代という時代が見えてくる。

だからなんでしょう、山本高史のこの本は、
『広告をナメたらアカンよ。』というタイトルだという。
ぼくの仕事に言及した部分は、
送ってきてくれたからすでに読んでいる。
その中で、「正確に伝えたいと願えば願うほど、

受け手が受けられるボールを投げるしかない」ということで、
筆者は現代の言葉の乱れについて嘆いている。
「文化庁の国語に関する世論調査」以後を読んで、
「あら、ま!」と思った。
「流れに掉さす」も「噴飯」も、ぼくはペケだった。
う〜ん、これ、自分が不正解組だからいうわけではなくて、
徐々に変わるこのような変化は、許容する派なのだ。

ことばは道具だから、時と共に持ちやすく、使いやすく変えられる。
その結果、使い辛いものが捨てられたり、変えられるのはしょうがない。
「いかす」も「なうい」も「だいなまいと」も「すーぱー」も、
すべて「いけてる」表現だったのだった。
流行語は、文字通り流れ行く言葉であるわけで、

ほとんどが消え去るから、ほっとけばいいのである。
俳人芭蕉の革新性は、嘗ての王朝文化としての
和歌の決まりごとを知らなければまったく理解できないから、
現代の評価は、どうしてもわびさびの方へばかり行ってしまう。
しかし、連綿と続く表現の本歌のすべてを知り置くというのは
研究者でもなければ、困難であろう。

平安朝の人に遇ったら、
「あんたらのことばは日本語じゃない、ケシカラン」と
いわれるだろうなあ……、というようなことを、
あーでもない、こーでもないと話しながら、
また飲みましょう、高史君へ貴志より。

仲畑貴志

ナカハタ　コピーライター／クリエイティブディレクター。１９４７年京都市生まれ。広告企画・制作、マーケティング戦略、新製品開発などが専門。数多くの広告キャンペーンを手掛け、カンヌ国際広告祭金賞のほか数々の広告賞を受賞。代表作は、サントリートリス「雨と仔犬」、ＴＯＴＯウォシュレット「おしりだって、洗ってほしい。」など。東京コピーライターズクラブ会長、東京アートディレクターズクラブ会員。事業構想大学院大学教授。また、毎日新聞紙上で「仲畑流万能川柳」の選者も務める。

仲畑さんに「オマエはまだバリューが足りへん」と諭されてから、ほめられたい一心でこの仕事を続けてきました。またほめてください。叱ってください。

8

「四十才は二度目のハタチ。」

何歳で生きようか。

伊勢丹（1992年）

いわゆる「年齢」、つまり実年齢は、その人が生まれてから何年経ったかの指標に過ぎないのかもしれない。

あるふたりが同じ年齢だとしても、知的にも精神的にも肉体的にも経験値の個体差が必ずあり、したがって個体差のある現状がそれぞれあるからだ。女性にとって年齢が厄介な問題であることは周知のこととして、男の人生も実はこの年齢というヤツに振り回されている。今回は男性《そっちがわ》について書く。

厄介な年齢をめぐる厄介なデータがある。「主観年齢と実年齢の差分」についてのものだ。

自分はまだまだ40歳のつもり

次のページの図表①は、主観年齢（自分自身がイメージする自分の年齢）と実年齢との差分を、世代ごとにグラフ化したものである。

男性の場合、37歳でマイナス3歳とある。37歳の男性が、「自分は34歳だ」という感覚で生活しているのである。40歳を過ぎるとマイナス5歳はあたりまえ、つまり45歳の男性が「自分はまだまだ40歳のつもり」ということだ。

ところが、そんな自意識はのんきな思い込み、ということをまた別のデータは教えてくれる。

同じくビデオリサーチの調査「呼び名から連想される年齢」について。図表②は、各世代に「おじさん」とは何歳から何歳までかを問うて、数値化したものである。自分を何歳だと（若く）イメージして生きようが、他人から見たら「おじさんはおじさん」ということだ。

さらにもうひとつ。COBS ONLINE（現マイナビニュース）による

図表① 主観年齢（自分自身がイメージする自分の年齢）と実年齢の差分

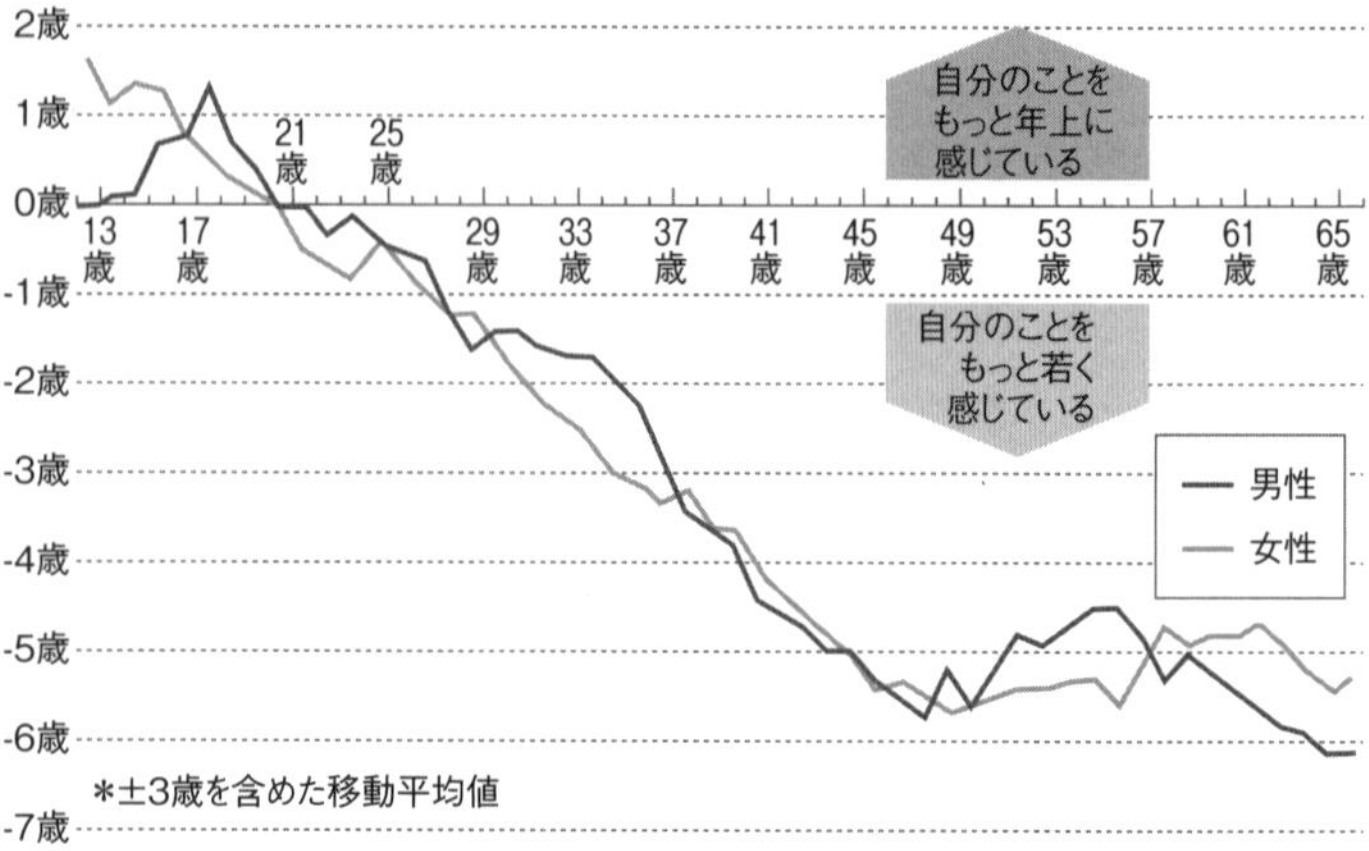

図表② 呼び名から連想される年齢

	おじさん	
→	何歳から	何歳まで
10代から見ると…	36.0歳	54.0歳
20代	37.0歳	57.4歳
30代	38.1歳	59.1歳
40代	37.8歳	58.9歳
50代	38.6歳	59.8歳
60代	40.3歳	60.2歳
70代以上	41.3歳	60.7歳

【調査結果】
図表①
東京30km圏の
10〜69歳の男女、
n＝2030人
図表②
全国の16歳以上の男女、
n＝2573人

出典：ビデオリサーチ「あなたは『おじさん』？それとも『シニア』？ー生活者の微妙な年齢意識ー」より一部抜粋

「お兄さんからおじさんになると思う年齢」という調査（2010年、女性、n＝551人）がある。それによると、女性が「そこからがおじさん」と思う年齢は、【35歳：23・1％、40歳：22・3％、30歳：17・4％、36歳：6・5％、37歳：3・5％、38歳：3・5％】となっている。前後の年齢に関しては明らかではないのだが、これらの数字を単純に足しあわせれば76・3％となる。

先述の「呼び名から連想される年齢」ならば、「各世代男女の平均値」という逃げ場のある数字であったが、この調査は遅くとも40歳までには、76・3％の女性に「おじさん」だと思われることを冷酷に指し示している。

40歳の目覚め。

「四十才は二度目のハタチ。」は、1992年に眞木準さんが書いた伊勢丹

伊勢丹（1992年）CD＋C：眞木準

のコピーである。

1992年は経済企画庁によって、いわゆる「バブル景気終結宣言」がなされた年であり、つまり「失われた10（20）年」の初年である。また「第一回環境と開発に関する国際連合会議」（地球サミットと称されることが多い）が、リオ・デ・ジャネイロで開催された年でもある。

その後の長年にわたる、大きな、そして重いテーマの萌芽の年にも見える。新幹線「のぞみ」が初めて走ったのも、毛利衛さんが日本人で初のスペースシャトル搭乗者になったのも、この年であった。「冬彦さん」（テレビドラマ『ずっとあなたが好きだった』で俳優の佐野史郎が演じた役）の狂気がもてはやされた年でもあった。ありきたりの狂気ではニュースにならなくなった今と比べれば、相対的に静かで穏やかな「前夜感」を感じることもできる。


「四十才は二度目のハタチ。」は、そんな時代を背景に書かれた。

伊勢丹「男の新館」の広告で（それは後に〝ＩＳＥＴＡＮ ＭＥＮ'Ｓ〟につながっていく）、言うまでもなく男性のファッションを主題としている（これもまた、今のこぎれいな若い男たちに関して予言的な「前夜感」である。もっともマーケティングとは、そういう「予言的」なものだが）。

そしてそのターゲットを「四十才」に見定めている。

その昔、40男《しじゅう》はドブネズミだった。１９５０年代から60年代にかけては、男性がファッションに費やせるあらゆる余裕はなく、１９７０年前後になり、ようやく日本男子にもアイビー、ヒッピー、モッズやロック関係の衣服が街に散見されるようになっても、やはり彼らはハイエンドで、フツーの男たちは相変わらず、妻女が買って来る百貨店の「吊るし」のネズミ色のスーツを着ていた。

「20歳前後のスタイルがその後のファッションを決める」という興味深い

説がある(川島蓉子著『洒落男《しゃれお》な時代』PHP研究所)。「この時期は消費の自由裁量(お金・時間・情報・判断)を一気に手に入れる時期だからだ」とある。

確かに、大学生から社会人にかけては、親から相対的に自由になり、情報を手に入れては自分の判断で行動し、自分で稼いだお金で自分の趣味嗜好にあうものを買い求めるようになる。その経験は刷り込みとなって意識の中に残り、後年にも影響を及ぼし続けるというのだ。著者は仮説だと断っておられるが、我が身に照らし合わせてみても、その説にまったく違和感はない。

単純な計算をしてみる。1992年の40歳がハタチを迎えたのは、1972年である。1973年に「渋谷パルコ」がオープンする。1975年に「ミウラ&サンズ(現シップス)」が渋谷に、1976年に「BEAMS」が原宿に開店する。『POPEYE』が創刊されたのも同年だ。

「消費の自由裁量」を手に入れた当時の若い(1992年に40歳となる)サ

ラリーマンや学生たちが、新しいライフスタイルの提案に心躍らせたのは想像に難くない。彼らはもう、「ドブネズミ」ではなかった。

男も年齢と向き合っている。

話を「**四十才は二度目のハタチ。**」に戻す。

かつて（例えば1992年）、日本の男たち（特にサラリーマン）は、意外と切実に年齢と向き合っていたんじゃないかと思う。その推論の拠り所を日本企業の「終身雇用制」に求めてみる。今でこそ雇用形態は大きな変化を遂げているが、「失われた10（20）年」が自覚もされていなかった当時の社会においては、終身雇用の変質、ましてや崩壊の信憑性は高くはなかった。

終身雇用制を採る企業では、社員はもれなく「入社年次ヒエラルキー」に組み込まれる（ぼくがかつて働いていた会社では初対面の社員に会うと「何年

「入社年次ヒエラルキー」に組み込まれる

入社?」と尋ねあって、どちらが上位か確かめたものだ)。そして厄介なことに、この「年次」は退職までついて回る。先輩に「オマエもう30なんだからな」と追い立てられ、「40にもなってそれか」と呆れられる。

労働者の企業間の流動性が激しくなった今でこそ、その傾向は年功序列と共に希薄化の方向にはあるが、男性会社員が日本の労働力の中軸であった時代には、よくある光景だったのだろう。そんな時代や社会の中での「四十才」である。

ぼくは、「四十才」の広告が世に出る前後に、伊勢丹の競合社の広告をつくっていた。紳士服という商品カテゴリーまで同じだ。1992年は百貨店全体の売上が戦後初めて前年割れとなり、不況が数字となって姿を現し始めていた。相対的に高価な百貨店のスーツは避けられがちとなり、ロードサイドと呼ばれる廉価店の低価格のスーツが売れた。伊勢丹のオリエンテーションの詳細はもちろん知らないが、同じ状況の同じ業種、おそらく同様の問題意識を持ちながら、新しい機会を模索していたのだろう。

今回、眞木さんのコピーについて、コピーライターの柴田常文さんに伺った。柴田さんは博報堂時代からの眞木さんの後輩である。眞木さんは「商品から逃げず、課題をポジに解決する」を旨とされていたそうだ。「嫌なことも、言い換えれば悪くない」ということで、「うまいこと言うねぇ」という意味で、眞木さんのコピーを柴田さんは「笑点コピー」と称されていた。それを知れば、そのコピーはこう読める。

1992年の40歳は世間の評価に常にさらされ、「不惑」のプレッシャーに苛まれ、会社では上と下に挟まれ、家庭では家族を支える大黒柱である。しかし、衰えたとか疲れたなどと年齢を嘆いてみても、自らの厳しい状況は通

笑点コピー

り過ぎてはくれない。人間は今も昔も若く（思って）生きたいのだ。考え方ひとつで表情も変わる。洋服ひとつで、生活も人生も変わる（可能性がある）のだ。「40歳」は「大人を始めて」からの「ハタチ」なのである。

眞木さんのコピーは、40歳を祝っているかのようだ。もしかしたらそれは、当時40歳をいくつか過ぎたご自身へのメッセージではなかったか。「Young at Heart だったからね」と柴田さんは言った。

眞木さんが亡くなったのは2009年6月。享年60歳。

ずっと「二度目のハタチ」のままである。

（2014年12月号）

コピーは、眞木準。

柴田常文

「でっかいどお。北海道」「トースト娘ができあがる。」に
代表される眞木準のコピーは「うまいことを言うねえ」から、
「笑点コピー」とよく言われたが、
本人は「ダジャレじゃなくて、オシャレ」と言っていた。
一番弟子というとナンバーワンみたいだが、
単なる一番目の弟子でしかない私が教わったことは、
「コトバ遊び」ではなく「時代を斬る目」だった。

山本教授がとりあげた伊勢丹のコピー
「四十才は二度目のハタチ。」には、
どこにもコトバ遊びなどない。

それは、なるほど！と膝を打つメッセージだ。
その解説はさすが山本教授だ、勉強になった。

あるいは、サントリーの
「カンビールの空きカンと破れた恋は、お近くの屑かごへ。」。
恋をゴミと一緒に扱うのか！と掲載された新聞広告に投書殺到、
今で言う炎上騒ぎまで引き起こした。これもメッセージの強さだ。

この眞木準コピーの視点は、
博報堂時代の彼の師である西田制次氏によって鍛えられた。
「コピーは思想」という西田の厳格な教えから脱皮するために、
「チャーミング」という独自の視点と言語力を注入して、
眞木流コピーを確立させていった。

それが「オシャレ」の意味なんだと思う（確証はないが、たぶん、きっと）。

時代のキーワードを転換するコトバの才も、
真似のできない豊かさだった。
サントリーホワイト「あんたも発展途上人。」、
伊勢丹のリクルートスーツ「ネクタイ労働は甘くない。」、
ビクターのビデオカメラ「ボーヤハント。」。
よくもまあ、次々に出てくるもんだ！
と感心を通り越して呆れかえるほどだった。

私が編集に参画している季刊雑誌『クリネタ』に
２００９年秋号で特集を組み、その死を悼んだ。
その時書いたタイトルは、「コピーは、眞木準。」。

もちろんシャレなどない。

柴田常文

コピーライター＆クリエイティブディレクター。１９５０年生。博報堂入社後、コピーライター、クリエイティブディレクター、ＭＤ局長、博報堂Ｃ＆Ｄクリエイティブディレクター兼代表取締役社長を経て、リンクエスを設立。日経広告大賞グランプリ、新聞広告賞をはじめ受賞多数。著作（共著）に『ひとつ上のプレゼン。』『ひとつ上のアイディア。』『ひとつ上のチーム。』（インプレス）。大正大学客員教授／大妻女子大学講師／ＴＣＣ会員／雑誌『クリネタ』編集団員。

眞木さんはいつもぼくを「ワイルド＆セクシー」って評してくれましたね。今はワイルドだけですが、死ぬまで頑張って生きていきます。柴田さん、いつも面白がっていただいてありがとうございます。

9

「メカニズムはロマンスだ。」
ロマンスはもう死語か？

キヤノン・A-1（1978年）

かつてメカニズムはロマンスだった。今メカニズムは、「その中」でしかないのかもしれない。

ボディコピーの絶滅。

唐突だが、『コピー年鑑1979』に掲載されているクルマの新聞広告の話から入る。そこには、計9点の日本の乗用車の車種及び企業広告（グラフィック）が掲載されている。ビジュアルからして隔世の感はあるが、論点はその訴求内容にある。縮刷なので可読部だけの判断になるが、そこに書かれて

ラック＆ピニオンステアリングの優れた操縦性

いることは次のようなものだ。

「高速巡航性能を実証します」「巾（トレッド）より長さ（ホイールベース）だと気付いたクルマがあったか」「ラック&ピニオンステアリングの優れた操縦性」「体の重みをふんわりと受けとめ、ジャストフィットする確かな居住性」「曲面ガラスがサイドまで回りこんだラップアラウンド・リヤウインド」「4リンクサスペンション（リヤ）の確かな乗り心地」「タテ置きだからシフトワークもクラッチ操作も自然です」（原文ママ）

そんな言葉が各原稿にちりばめられ、そこに374〜1764字（車種）、2250字（企業）のボディコピーが添えられる。別枠には、最高出力、最大トルク、10モード燃費、中にはエンジン形式まで記されているものまである。

広告は、あらかじめ期待されていないコミュニケーションである。ましてやボディコピーを積極的に読もうなんて人は、関係者かよほどの物好きということになる。人間はもともと、自分の意志にかかわらず書かれた他人の長い文章に、よほどの事情・心情を除いては興味がないのだ。

1950年代、「広告界のクリエイティブキング」と呼ばれたコピーライターのデイヴィッド・オグルヴィは『「売る」広告［新訳］』の中で、次のように書いている。

「『ボディ・コピーなんか誰も読まない』。本当だろうか？ これは次のふたつ次第だ。ひとつは、広告される商品にどのくらい大勢の人が興味を持っているか。（中略）人を退屈させておいて、モノを買わせることはできない。興味を持ってもらって初めて買ってもらうことができる。ひとつの文章は短く、パラグラフも短く、難解な言葉は使わない」（山内あゆ子訳、原文ママ）

ボディ・コピーなんか誰も読まない

「本当だろうか？」と疑問を投げかけてはいるが、早い話が「商品に対する興味」と「飽きさせないコピーライターの技術」のどちらかでも欠けると、「ボディ・コピーなんか誰も読まない」ということになる。

その説に従うと、ボディコピーが長く、したがって級数が小さいことは広告にとっては冒険である。にもかかわらずコピーが長いのは、もちろん受け手、つまり消費者に知ってほしいことがその文字の量だけあるからだ。せつないくらいに伝えたい思いがあるからだ。商品やサービスのベネフィットを伝え、評価して、好きになって、買ってくれと健気なくらい願っているのだ。

逆に、だから広告は受け手の求めないことを基本的には強行できない。つまり、1979年のような長いボディコピーや細かいスペックが存在していたとしても、1979年の受け手の反感や無関心を承知で、世に問うはずはない。その情報の量や細かさを受け手が許容、もしくは要求していたのだ。

読む手間を引き受けてまで、知りたい情報があったからだ。

スペックって、いる？　知りたい？

『コピー年鑑２０１４』に掲載されている日本の乗用車の車種及び企業広告（グラフィック）は、７点。そのうち、いわゆるボディコピーと認められるものを持つのは０。性能に関わるスペックの表記はない（もちろん馬力もトルクも）。

広告が送り出される状況も異なるし、「コピー年鑑に掲載」という特殊な条件下なので単純比較はできないが、同じく「クルマを売る」ためのコミュニケーションにおいて、ここまでの差異という現象があるのならば、もちろんそこには原因となるものがある。

その差異をもたらした変化に、近年の「若年層のクルマ離れ」を重ね合わせ

若年層のクルマ離れ

てみる。２００1年において、「クルマに興味や関心がある」という20代男性が71・2％、30代男性が76・7％であったのに対して、２０１1年には各々41・8％、54・5％というように、大きく数字を減らしている（電通調査d－camp調べ）。数字を見れば、相当に重症であることがわかる。

デイヴィッド・オグルヴィは、「広告される商品への興味」をボディコピーが読まれるための条件のひとつに挙げたが、日本の20、30代男性の半数近くが興味を持たない、クルマという商品の広告なのである。ただでさえ受け入れ難い広告の、中でも読まれにくいボディコピーは、その身を削るしかないのだという仮説を導き出すことも、難しくはない。

そうならば、救いようのないコピーの自己撞着（読んでほしいから、短くする、もしくはなくす）である。最近よくターゲット分析で語られる「若年層は情報を受け取るために想像力を使ってくれない」という言説にも馴染む。

さらにもうひとつ、悲しいお知らせ。
「新聞広告は興味を持って見る」20代男女が、2001年から2011年にかけて、各々38・1％→18・5％、42・9％→16・7％と大きく減少しているのである。新聞広告のボディコピーの内容以前の問題である。
「スペックのない広告」は、「クルマ離れ」「若者が想像力を使わない」「新聞を読まない」と同じ社会から放り出されたものなので、深い部分で同根であることは推定されるが、しかしそれはそうだとしても、どうやらそれだけでは説明しきれないものが残る。後で詳述する。

夢はブラックボックスだった。

「**メカニズムはロマンスだ。**」（1978年）は、秋山晶さんが書いたコピー（前出のクルマ広告と同年、『コピー年鑑1979』掲載）で、キヤノンのA－

キヤノン・A-1（1978年）CD＋C：秋山晶／C：田村定

1という機種のカメラの商品広告である。
秋山さんは「もともとメカの広告が好きなんだ」と教えてくれた。理由は「夢があるから」。カメラでもクルマでもテレビでも、その中にメカの詰まったブラックボックスは、その不可思議ゆえに無限の可能性を想像させてくれた(その可能性の一部のために、4500もの文字が費やされている)。
可能性と夢はしばしば同義語だ。メカニズムがそんな夢を現実社会において叶える過程を、進化と呼ぶこともできる。〝SCIENCE FICTION〟が〝SCIENCE FACT〟になっていくのだ。

そのブラックボックスを秋山さんは、「宇宙のように」とも例えた。その年は『スター・ウォーズ』の封切りの年だ。スペースシャトルの初の打ち上げは、この3年後のことである。ぼくは秋山さんに、「**メカニズムはロマンスだ。**」のコピーを少年のようにワクワクしながら見ていた、と告白した。

スペックの消失は、進化の飽和である

「成田空港」開港。「サザンオールスターズ」デビュー。「インベーダーゲーム」大流行。「ディスコブーム」フィーバー。我らが文明はまだ進化の真っ最中に思え、目の前には夢のブラックボックスが広がっていた。

結論から述べる。

スペックの消失は、進化の飽和である。ありとあらゆる〝SCIENCE FICTION〟が〝SCIENCE FACT〟になってしまったのだ。スペックは進化の指標なのだ。

「走る、曲がる、止まる」というクルマの基本がある。かつてクルマの広告のボディコピーで、スペックをこれでもかというくらい並べられていた時には、その「走る、曲がる、止まる」のどれにも幸せな不足があった。不足は進化を待望する。だからこそ受け手は、少々の長さや級数の小ささを厭うはずがなかった。

かつて日本社会は多かれ少なかれ欠乏し、ゆえに多かれ少なかれ渇望していた。充足は伸びしろを消す。伸びしろが約束されないコピーなど、ますます読む義理はない。スペックは進化の指標であるならば、進化のゴール（終わり）が近いと、もう役割を終えてしまう。

例えば、その変遷を早送りで見せてくれているのが、携帯電話である。携帯電話は、初めて見た時には「メカニズム」以外の何モノでもなかった。「ロマンス」という意味での「メカニズム」だ。携帯電話ユーザーとなる前のぼくは、今の数倍図体の大きかったそのブラックボックスを見て、未来像を思い描いたものだ。

携帯電話はやがてケータイになり、スマートフォンというものに進化して、スマホの進化はモデルチェンジごとの徹夜の行列というイベントに本質を変えた。2013年度末の携帯電話契約数は1億4105万台に達し、

病気にならない薬をつくり出してしまった薬屋

直近の国勢調査の総人口に対して110％を超えた（総務省「電気通信サービスの契約数及びシェアに関する四半期データの公表」による）。もうロマンスの入り込む隙間はない。「メカニズム」はインフラである。

文明は病気にならない薬をつくり出してしまった薬屋のようだ。もう、薬は売れない。

（2015年1月号）

山本高史は、なぜ昔の広告を見続けるのか。

秋山 晶

端的に言えば、現在の事象にスポットを当てるためだ。
過去の広告から現在が一瞬に現れることもあるし、
潮の行手に見えることもある。
やがて読者はイメージすることができる。今日の広告から未来を。
一点の広告に潜在する未来は、無数だ。

秋山晶
1936年東京生まれ。立教大学経済学部卒。ライトパブリシティ 代表取締役CEO、東京アートディレクターズクラブ委員、東京コピーライターズクラブ会員、TCC賞最高賞、ADC賞グランプリ、ACC賞グランプリ、第46回日本宣伝賞山名文夫賞。『秋山晶全仕事』（マドラ出版）、『D・J・SHOW 秋山晶の仕事と周辺』（六耀社）、『アメリカン マヨネーズ ストーリーズ』（ビジネス社）。

秋山さんは、永遠です。その影も踏めぬまま、背広の決まった後ろ姿を見続けています。これからも全速力で走り続けてください。追いかけます。

10

「サラリーマンという仕事はありません。」すべての就活生に捧げる。

西武セゾングループ（1987年）

就職活動の厳しさを生まれて初めて経験した。もちろん自分のことではない。ゼミの学生の就活につき合ってみて、である。

厚生労働省、文部科学省による2014年11月14日の発表によると、2015年春卒業予定の大学生の就職内定率（同10月1日時点）は68・4%で、前年同期比4・1ポイント上昇、4年連続の改善だそうだ（国公私立62校対象）。

しかし改善という文字がどのような説得を試みようが、就活数カ月を経ても30%以上の前途未定が積み残され、しかも68・4%という数字は全国で見たもので、もっとも低かった中国、四国地方では56・9%という内定率にとどまっている。

鱗を剥ぎながら遡上する鮭

またその内定も、意中の企業のものとは限らない。30%を超える不安な学生は言うまでもなく、ようやくとりあえずの安息の地にたどり着いた者たちも、疲れ果て傷ついていることをぼくは知っている(鱗を剥ぎながら遡上する鮭を想う)。

厚生労働省、文部科学省の発表にも、「改善」の要因として「企業の業績回復、人手不足による採用意欲の回復」が挙げられているように、学生の就職の動向は受け入れ側の事情に支配される。景気の風向きによっては「売り手市場」と称される年もあるが、選ばれる⇅選ぶ、志願⇅採用という構造上、受け入れ側がイニシアティブをとり、就活がその事情によくも悪くも左右されることは、原理・原則的に変わらない。

受け入れ側とは、具体的には主に企業であるが、拡張すれば社会であるとも言える。つまり就職とは、学生と総称される若者たちを社会がどのように受け入れるのかということである。就職という事象、それに関わる広告を通して、その「若者と社会」を考えてみた。

今の社会の、性格のよくないありようが見えた。

悪意の交換。

「お祈りメール」というものがある。

広く周知されている用語だが、就職面接の結果をメールで通知する折に、「拝啓　時下益々ご清祥のこととお慶び申し上げます」から始まり、結果を伝え、「X様の今後のご健康とご活躍を心よりお祈り申し上げます」で締める「不採用通知メール」である。

それが就活生の間で「お祈りメール」というユニークでアンハッピーな

ご健康とご活躍を心よりお祈り申し上げます

ネーミング共有・シェアされ、いつの間にかに就職関係者以外にも知られるところとなった。そんな存在や内容が周知されるあたりにも、学生⇅社会の健やかとは言えない関係性をうかがい知ることができる。

それをさらに裏打ちするような話題が、ネット上で拡散されたことがあった。字数は割くが、あらましをここに書く。

元は、2014年9月14日の「先日、某社の人事の方が『内定辞退をお祈りメールの書式で送ってきたバカ学生がいた』とエラくお怒りだったんで（以下略）」というTwitterの投稿である。

その「お祈りメール書式の内定辞退」に対して、ネット上では賞賛の書き込みが相次ぎ、「慎重に検討しました結果、内定受諾を見合わせていただくことになりました」「このような結果をお伝えしなければならないことを、たいへん心苦しく感じておりますが、事情ご高察の程お願い申し上げます」「決して気落ちなさる事無く、今後も自信を持って求人活動を続けていただければと存じます」「末筆になりましたが、貴社のこれからの一層のご活躍をお祈り申し上げます」と、面白半分の推測の書き込みが続く。

Ｔｗｉｔｔｅｒ上の某社の某氏からの伝聞の話であるがゆえに、ソースとしての有効性は疑問だとしても、その後その投稿がリツイートされ拡散し、就活生を中心に「祭り」となったのは、紛れもない事実である。「内定辞退」の一件が事実だとすると、学生にありがちな悪ふざけだと右の眉をしかめてみてもいいが、彼らの感情を逆撫でするような企業側の「お祈りメール」にも、左の眉をしかめてみるべきだ。

普段「ご活躍をお祈り」などしない企業が定型文に従ってメールをするのは（しかもそれを送信しているのは、おそらく採用の責任者ではない）、それを使っていれば破綻がないからだ。デリケートな案件であるがゆえに、自前

隠そうともしない悪意

の書き慣れない文章でボロを出し、クレームを招くのは避けたいのは理解できるが、その企業がデリケートな案件に真摯に向き合おうとしていないことも自白している。

学生も企業も、どっちもどっちだ。バカバカしい話だが、笑えない。両者の隠そうともしない悪意のせいだ。

3年3割。

学生は新聞を読まない(このことには、メディア関係者はため息を漏らし、大学関係者は頭を抱えている)。つまり就活に際しての企業情報の入手経路は、就活サイト、説明会、ネット、下手すればテレビCMまでその中に入る(一流のタレントを使っている企業は一流である、というふうに)。情報を何とか入手したはいいが、それを彼らが読みこなそうにも使いこなそうにも、知識も経験も不足していて、結局、付け焼き刃にもならないまま就活に臨む。

『半沢直樹』のおかげで、銀行の就職人気ランキングが上がったという話まである。ダイヤモンド社「就職先人気企業ランキング２０１４（文系・男子）」によると、4位に三菱東京ＵＦＪ銀行、7位に三菱ＵＦＪ信託銀行、8位に三井住友銀行、9位にみずほフィナンシャルグループであった。また文化放送キャリアパートナーズの調査によると、三菱東京ＵＦＪ銀行が1位である。もともと人気の各行ではあるが、ドラマではあれほどブラックに描かれていた業界にもかかわらず、である。

そんな企業観の学生たちが、「楽しく働きたい（32・7％）」「個人の生活と仕事を両立させたい（22・8％）」（共に「２０１５年卒マイナビ大学生就職意識調査」における、シングルアンサーのトップ2）という、希望＝理想＝欲望を隠したつもりがむき出しで、面接会場に現れるのである。
おまけに、その欲望（楽しく働きながら私生活と仕事を両立したい）の成否が、「3年3割」という離職率に現れる（厚生労働省「新規学卒者の離職状況に関する資料一覧」によると、2011年大学卒業就職者の32・4％が、3年以内に辞めている）。

そんな新入社員未満の就活生の相手を務めなければならないとすると、企業の人事担当者個人が「お祈りメール」に練り込んだイジワルな気持ちなど、若い人生に向けたアドバイスだと許容してあげてもいいという考え方もあるかとは思う。しかし、ぼくにはそうは思えない。今の社会には、若者に対する看過できない悪意がある。

社会の眼差し。

「サラリーマンという仕事はありません。」（1987年）は、西武セゾングループの新聞広告のコピー。見ての通りの新卒求人広告である。コピーライターは糸井重里さんだ。

「どんな仕事をしているんですか？　と質問された時に、会社の名前を言ったり、役職を答えてしまったり、サラリーマンですと当然のように言ってしまうのは、やっぱり、とてもサミシイことだと思う。そういうもんじゃないよな……。」とボディコピーにある。

またこのコピーを巡って、次のような記述を見つけた。『プレジデント』1987年10月号に掲載された小説家の福本武久さんのエッセイの一節。

「今年の会社説明会がはじまる前日、『サラリーマン／という仕事は／ありま

会社の名前を言ったり、役職を答えてしまったり

西武セゾングループ（1987年）CD：浅葉克己／CD＋C：糸井重里

せん。』というヘッドラインの採用広告が朝刊紙の全面で微笑みかけていた。サラリーマンというのは顔がないんだな……と思った。ノッペラボウなのである。高度成長時代は、顔がなくてもよかったのかもしれない。(中略)知恵の時代といわれる昨今のビジネスマンには、アイディアや個性がもとめられるようになった。ほんとうの意味での実力が問われるようになってきたのだろう。顔のないノッペラボウのサラリーマンは、企業のなかでもお荷物になってゆく。サラリーマンという仕事はありません……という広告コピーの出現は、日本型経営を支えてきた年功序列と終身雇用制が崩壊しつつある兆しではないだろうか」(原文ママ)

ふたりの「社会人」から受け取ることができるのは、学生に対する年長者の眼差しである。自分たちの時代は、サラリーマンと名乗った(名乗ることしかできなかった)。年功序列と終身雇用の枠の中で、ノッペラボウになって

労働力としてではない、人間への期待

働いてきた。しかしキミたち学生は、仕事観と秩序を再構築し、真に豊かな新しい日本社会をつくり上げてくれ。そう読み取れる。労働力としてではない、人間への期待であり、同じ社会を生きる者同士の共生感である。「お祈りメール」のどこからも、それらは読み取れない。

あの頃は景気がよかったからね、という声もある。

確かに1987年は、情けないくらいバブル絶頂であった。上場されたNTT株は318万円の史上最高値にまで高騰し、当時の安田火災がゴッホの「ひまわり」を約58億円で購入した。

しかし、その「景気がよかったから（人はやさしい、人は強い、人は許容できる）」という簡単な結論は、人間や社会に対する底なしの失望しか残さない。

（2015年2月号）

11

「カエルコール」

カエルの声は消えたのか？

NTT（1985年）

1985年に、「スーパーマリオブラザーズ」が売り出され、「おニャン子クラブ」がデビューした。「ゴルバチョフ」がソ連共産党書記長に就任し、「田中角栄」が病に倒れた。「男女雇用機会均等法」が成立し、いじめが社会問題化して、「いじめ自殺元年」と呼ばれた。日本専売公社は「JT（日本たばこ産業）」になり、日本電信電話公社は「NTT（日本電信電話）」になった。学校を出て会社に入ったばかりのぼくらは、「新人類」と呼ばれていた。よくも悪くも「今」的な社会が始まった年、という気がしてならない。

「**カエルコール**」（1985年）は、そんな年に新生NTTが展開したキャンペーンである。「帰る前に家族や大切な人に、一本電話を入れましょう」と

ぼくらは、「新人類」

いうものだ。もうすぐ帰る（カエル）電話（コール）ってことである。コピーライターは、博報堂（当時）の井出壬一さん。

ケータイのなかった時代。

「**カエルコール**」の広告で描かれていた電話機は、街角の公衆電話である。テレビCMやポスターで、受話器を握ったオジサンが、おそらく家族に「もうすぐ帰る」と微笑んでいた。ケータイならぬ携帯電話はあるにはあったが、同年にNTTが発売した「ショルダーホン」は文字通り肩にかけて持ち運ぶもので、重量は3kg。500mlのペットボトル6本だ。ショルダーホンだけに肩が凝る。

飲み屋での昔話に、ケータイのなかった時代がネタに上がる。例えば、

NTT（1985年）C：井出壬一

1985年の「待ち合わせ」を思い出す。当時、銀座で彼女と待ち合わせるなら、「四丁目あたりで午後5時頃に」では会えないのである。

相手と会いたければ、「銀座の(日本橋じゃなくってね)三越の(松屋じゃなくってね)ライオン(松屋にも松坂屋にもライオンはいないでしょう?)の前に(後ろじゃなくってね)5時(もちろん午後ね)」というように、細心の注意を払わなければならない。

長い冗談ではない。場所や時刻のひとつでも誤認・誤解されれば、若いふたりはもう会えない。「銀座に着いたら電話する」で済んでしまう「ケータイアリ」の、便利でリスクの低い現状とは心情も手続きもまったく違う。

しかし他方、こうも考えられる。「会えないかも」の恐怖が、情報の慎重な受け渡しをあたりまえのものにしていた。慎重な受け渡しは、濃密なコミュニケーションを至るところで醸成していた。

便利は省略であり、省略は短絡であり、短絡は喪失である。唐木順三の「途中の喪失」には、次のような一節がある。

「近代の文明は人間から次第次第に途中を奪ふ方向へ動いてゐるが、途中といふ距離を奪つて得た便利といふものと、途中を喪つてしまつた味氣なさとをくらべてみれば、果してどちらが幸福かは疑問であらう」（原文ママ）

1954年、61年前の認識である。唐木順三さんは2015年の日本社会を見て、何を書くだろう。

「コミュ力《りょく》」って？

別の方向から話を進める。

果してどちらが幸福かは疑問であらう

今日の若者たちにとって、「コミュニケーション能力」は重要なキーワードであるらしい。例えば大学生なら、仲間内でのものから就活で企業側から要求されるものまで、とにかくこの「コミュ力《りょく》」は希求されている。

「自分の意見をはっきり伝えられること」「人の発言に対して否定から入らないこと」「相手の立場で考えること」など、物の本に羅列されているさまざまなテクニックやアドバイスはどれも否定する気はないが、そもそも「（当然持っているべき程度の）コミュニケーション能力が必要」なんて命題がわざわざ立てられるところからして、どうにも違和感がある。

ぼくはコミュニケーションについて、次のような考え方を持っている（「言葉のメカニズム」と呼んでいる）。

言葉は、送り手が受け手を自分の望む方向へ動かそうとするものだ。それを叶えようとするのならば、「受け手の言ってほしいことを言ってあげる」必要がある。「受け手の言ってほしいことを言ってあげる」とは、なんとも善良な字面であるが、その実は「送り手が自分の欲望を満たすために、受け手の欲望を叶えてやる」ことに他ならない。

生々しい、欲望と欲望の向き合い。だから例えば「相手の立場で考えること」が、根源的な言葉のメカニズム由来のものなのか、対症的で表面的なアウトプットに過ぎないものかで、「コミュ力《りょく》」としてのポテンシャルも迫力も違う。

コミュニケーションの真価は、それが価値観や利害の異なるコミュニティをつなごうとする時に発揮される。

例えば会社員Aさんには、「異なる課」や「異なる部」や「異なる会社」という、多かれ少なかれ「価値観や利害の異なるコミュニティ」が存在している。さらにその日常の範囲を越えれば、「異なる家庭」「異なる世代」「異なる立場」「異なる趣味嗜好」「異なる思想信条」というコミュニティが、無限に林

欲望と欲望の向き合い

立している。

厄介な相手には関わらなければよい、という選択もある。しかし、もしまともに社会生活を営むつもりがあれば、他のコミュニティとの接触が不可避であることなど、その中で30分でも生きてみればわかる。

ましてや２０１５年の社会における「異なる国家」「異なる民族」「異なる宗教」からの我がコミュニティへの干渉は、もはや他人事ではない。場合によっては、生命や社会のレベルにおける「欲望と欲望の向き合い」を自分の望む方向で解決しなければならない。

ぼくはコミュニケーション能力《コミユリヨク》とは、そういうものだと理解している。

ストイックな壁。

自分のコミュニケーション論をぶち上げておいて、もういちど「**カエルコール**」の時代に戻る。

ケータイのない頃の労苦は、特に若い男子に降りかかった。具体的には「彼女に電話した時に受話器を取る彼女の父親」である。「欲望と欲望の向き合い」という観点からすれば、送り手の「彼女との付き合いを円滑に進めたい」という欲望を叶えるために、受け手の「娘はしっかりとした青年と付き合っていると思いたい」という欲望を、受話器から発する言葉で満たす必要があった。

そのために、送り手（若者）は、受け手（彼女の父親）の価値軸における「しっかりとした」を承知する必要があり、承知していることを受け手に伝え

現代の青年こそ同情すべきなのかもしれぬ

なければならなかった。

コミュニケーション能力は、作法を暗記して手に入るものではない。価値観や利害を異にするコミュニティ（最小単位が個人である）とつながるために、知恵を使い、労を惜しまず、異なる価値観や利害の擦り合わせによって、ようやく獲得できるものだ。そんなところからも、情報の慎重な受け渡しと濃密なコミュニケーション、そんな「途中」という機会の喪失に思い至る。

高橋和巳の「自立と挫折の青春像―わが青年論―」の一節を思い出す。

「（前略）何ごとによらず、あるストイックな壁がなければ、事は成熟しないのである。現在はそのストイックな壁を外から与えられるのではなく、自分でつくるべき時代なのだろう。（中略）むしろ現代の青年こそ同情すべきなのかもしれぬ」（原文ママ）

今さらケータイの功罪を論じることは詮無いことだが、コミュニケーションにおける機材・システムの高度な進化と、人間の基本的な能力の退化という相反する実情（もちろんぼくも例外ではない）は、もう既成事実として書き留めていいのではないか。

「もうすぐ帰る」。

さて、「**カエルコール**」である。

ぼくはいい話には、それが不足する実態があると訝しがるようにしている。美談はしばしば、どこか怪しい。１９８５年の「**カエルコール**」においても、すでにそんなつながりを促さなければならないような、コミュニケーション上の破綻が顕在化していたのではと、ちょっと意地悪く考えた。杞憂だった。

いつ帰ってくるかわからない夫

問題は、確かにあった。井出さんが教えてくれた。まだ「モーレツ」の残っていた時代。「いつ帰ってくるかわからない夫」と「それを待つ妻」、さらに「冷めていく夕食」の図式は、そここに見られた。夫は「悪いなあ」とは思ってはいるが、それこそ妻や家庭への「コミュ力《りょく》」不足の男たちには、行動に移すきっかけもアイデアもない。

閑散時間帯の開拓、家族間通話の促進、さらにインナーの意識改革というNTT側の思惑はあったものの、この「**カエルコール**」はぼくの怪しんだような「ないものねだり」ではなく、人のつながりの「改善」であり、生活意識の「向上」への提案だった。

コミュニケーションという言葉が、躊躇なく輝いていた時代の話である。

（2015年3月号）

12

「ピッカピカの一年生」

クッタクタよりピッカピカ。

小学館（1978年）

4月というのは、「つまり、やさしい月なんだな」と、ふと思ったことがある。水は温み、桜で、花見で、フレッシュマンで、などという明るい方向の出来事の集積感もそう思わせてくれるのかもしれないが、それよりもぼくが気にかかったのは、その「再スタート感」である。

4月はフレッシュマンだけでなく、ぼくらリフレッシュマン（©眞木準さん）にとっても始まる月である。「年度」の起源には諸説あってはっきりしないようだが、とにかく1月に暦が始まってから間もないのに、もういちど始まりがある。言い換えれば、ぼくらはもういちど始められる。

一年の計の隣では三日坊主が苦笑いしているが、その坊主にも4月には再

4月という月の「あたたかさ」「明るさ」

度チャンスが与えられる。「人生は何度でも始められるということを、4月という月が毎年教えてくれている」と何か発見したように振る舞ってみたところで、あながち勘違いでもあるまい。

子どもがピッカピカだった頃。

とりとめもない書き出しになったが、どうしても4月という月の「あたたかさ」「明るさ」から始めたかった。なんせ今回は、**「ピッカピカの一年生」**(1978年)である。「ピカピカ」ではなく「ピッカピカ」である。これは小学館の『小学一年生』のキャンペーンで、杉山恒太郎さんを中心に始まった。「♪ピッカピカの」というサウンドロゴは、今でも耳の奥の記憶に残り(ぼくはもちろん歌えます)、愛すべき子どもたちのシーンや大人には思いもつかない会話は、オンエアごとに話題となった。そのワンカット(次ページ写

小学館(1978年) C：杉山恒太郎、安西俊夫、本田亮

「きびしいのう」

真下）は、次のようなやりとりのものだ。

向かって右の男子が「小学校行っても、もうケンカせんけんのぅ！」と言って、向かって左の男子をいきなり叩く。それに対して叩かれた方は「きびしいのぅ」と、笑みを崩さぬまま顔を押さえる。１９８０年のオンエアなので、ある年齢以上の人は記憶に残っているかもしれない。

杉山さんに「ピッカピカ」に関してお話を伺うことができた。テレビＣＭにおいては当時まだ異色だったビデオ機材のこと、撮影の楽しさと大変さ、いつも驚かされる子どもたちの魅力など、旧交を懐かしく振り返りながら（杉山さんは元上司である）お話を伺っていたのだが、やがて気になる話題にぶちあたる。シリーズを続けていった後の、子どもたちのあり方の変容である。

杉山さんの著書『ピッカピカの一年生を作った男』から引用する。

「（前略）そして日本全国津々浦々、どこに行っても地方らしさがなくなり町は均一化してつまらなくなっていく。僕たちはこんな時代の変わりようを図らずも目撃していきました。とくに僕たちの撮影現場でもあった小学校の校舎、当初はまだ味のある木造の建物がいっぱいあったのですが、それらが壊され建て替えられていくのとほぼ同時に、ピッカピカの子どもたちの姿が消えたように思います」（原文ママ）

キャンペーン開始時の「**ピッカピカの一年生**」たちが生まれたのが、仮に1978年の6年前、1972年とすると、それは「札幌オリンピック」「沖縄返還」「スペースシャトル計画発表」の年である。

もちろん陰惨な事件や事故もないわけではなかったが、それに続く年々の年表にも「初の」「発足」「誕生」の文字が踊っている。日本社会は明らかに、閉じるより開く方向にあった。

1978年のトイレの水洗化率は、45.9%

とは言え市民生活をデータで見ると、「ピッカピカ」たちが新入学した1978年のトイレの水洗化率は、45・9%。直近ではないが2008年は、90・7%（総務省統計局「住宅・土地統計調査」）。

「きびしいのう」たちが新入学した1980年の全国の銭湯の数は、1万5172軒。それが2007年には、5601軒まで減少した（厚生労働省「衛生行政業務報告」）。

社会は大きくジャンプしようとすでに準備を始めていたが、庶民の暮らしは未だ昭和の真っただ中で、少なからぬ子どもたちはポットントイレで用を足し、銭湯で知らない大人たちに交じって湯船に浸かっていた。そして4月には、木造校舎の小学校に入学していった。時代が変わりゆくのをワクワクしながら見つめ、自分の場所を元気に走り回っていた。

「社会経済の根幹」としての子ども。

今さらながらに「少子化」のデータを掲げる。

日本の出生数は1973年に第2次ベビーブームを迎え、209万1983人を記録し、つまりその後は落ちる一方となる。1978年には170万8643人となり、2013年には102万9816人という数字に至る(厚生労働省「人口動態調査」)。

そんな長期下落傾向に政府が重大な問題意識を持っていることが、1994年の「エンゼルプラン(今後の子育て支援のための施策の基本的方向について)」には、もう見て取れる。

当時は、共働き家庭の育児などを中心とする周辺的なものだったが、状況は確実により深刻なものとなり、支援や対策の範囲は拡張され、2013年の「少子化危機突破のための緊急対策」という文書においては、それまでの「子

少子化危機

育て支援」「働き方改革」に「結婚・妊娠・出産支援」を加え、少子化への緊急対策とした。

最後の一項目に関しては、他人の寝室に踏み込むかのような余計なお世話を感じるが、そうするにやむを得ない事情は明文化されている。「少子化危機突破のための緊急対策」の「はじめに」に、「我が国は、社会経済の根幹を揺るがしかねない『少子化危機』とでも言うべき状況に直面している」と述べられている。

ちなみに、1994年エンゼルプランの「1 少子化への対応の必要性」においては、「子ども同士のふれあいの減少等により自主性や社会性が育ちにくいといった影響や、年金などの社会保障費用に係る現役世代の負担の増大、若年労働力の減少等による社会の活力の低下等の影響が懸念されている」(原文ママ)と、対策の必要性が述べられている。

彼らの未来。

この連載の初回で、「わんぱくでもいい、たくましく育ってほしい」を題材に、「当時、子どもは社会の子どもであった」と書いた。この機会に正確に言い直すとすると、当時も今もいつも子どもは社会の子どもである。「個人の子ども」である現在においても、その子どものあり方は社会の合意を得た上での（その結果のよし悪しや好き嫌いがどうであれ）、「個人の子ども」である。

あたりまえであるが、子どもは社会のあり方を決定しない。社会のあり方を決定するのは大人だ。しかし子どもも大人たちと同様に、大人たちのつくった「時代の水」を飲み、「社会の空気」を吸っているのである。仮にその水や空気の毒性があるとすると、それを自分の内部で薄めるだけの経験量を持たない個体（子どもたち）に、時としてわかりやすい症状が現れる。

つまり時代や社会のありようは、子どもたちのあり方にしばしば決定的な影響を及ぼす。それが看過できないのは、彼らの人生の奥深くに達するものだからだ。

かつて子どもたちには、ケータイもブランド子ども服もファミコンすらなかったが、「ピッカピッカ」な予感だけはふんだんにあった。大人は彼らに未来を託していた。1994年「子ども同士のふれあいの減少等により自主性や社会性が育ちにくい」と、子どもの「未来」を想い懸念した少子化対策は、2013年「社会経済の根幹を揺るがしかねない」と、「経済」という言葉を持ち出した。まるでうっかり本音を漏らしたかのようだ。どうやら、これから生まれてくる者たちに期待されているのは、社会や自らのよりよい未来を切り拓くことよりも、納税である。他人の「結婚・妊娠・出産」を支援することで、「社会経済の根幹」を守る。「風が吹いたら桶屋が儲かる」ってことか。納税のために、おーい、誰か結婚するか？

「ピッカピカ」の社会は、子どもたちに未来を託し、我らが社会は彼らに自分の老後を託す。ぜひ老後を託された２０１５年の子どもたちに聞いてみたい。「未来って、どう思う？」。他人の老後のために生まれたとしたら、人生早々にしてやってられないよね。社会のためにがんばろうなんて、なかなか思えないよね。

子どもの変容は、大人の責任である。ならば、２０１５年の大人の胸にも聞いてみなければならない。子どもたちに、どんな今と未来を提供するつもりなのか。

「ピッカピカ」の日本は、やさしい春であった。スタートする人を温かく見守り、その前途を祝福する。その後、訪れた暑苦しいバブルを過ぎ、今は秋

他人の老後のために生まれたとしたら

か？　冬か？　いずれにしても、首筋は寒い。

（2015年4月号）

火照った幼児の匂い

杉山恒太郎

山本高史というといつも僕の中に現れるのは、
とてもピュアーな青年というより、物心つき始めた幼児だ。
ピュアーはピュアーでも、ある程度世間との握手の仕方を知った、
知ってしまった青年のそれとはだいぶ違って、
幼児のピュアーは凶暴で恐ろしい。

内田裕也さんと樹木希林さんが騒動を起こした際、
あるスポーツ新聞のリードに、
「内田裕也がロックなら樹木希林はパンクだ」
とかなり大きめに記されているのを見て、
そのスポーツ新聞、やるなぁ、センスいいなぁ！と感動した。

樹木希林さんの言動は、今でも時に世間を驚かすしキレもよくて大好き、
僕のパンクの永遠の女神だし、あの方こそ、
実は理想的なピッカピカの一年生なのだ。
ことほどさように、幼児のピュアーさはパンクなのである。
ジャム、ピストルズ、クラッシュ、彼らの家元Ｔ・Ｒｅｘ、
ニューヨークならパティ・スミスにラモーンズ、トーキング・ヘッズ、
皆、山本高史的で素敵だし、今でもたまに聴いてしまう。

ピッカピカは、登場するのが全国の満面の笑顔の素朴な幼児たちなので
誤魔化せていたけど、根の根は僕のパンクスピリットから生まれた企画だった。
もう30年以上も経っているし時効にしてもらいたいのだけど、
あのピッカピカキャンペーンを始めた頃、
僕も含めスタッフは皆20代、子どものいるやつはいなかったし、

だいたい、僕自身、子どもなんか大嫌い（笑）だったんだ。
これこそ、ラブアンドヘイトリレーションシップ（近親憎悪）って
ヤツなのかもしれない。

そんなわけで、山本高史くん。
今でもたまにお会いすると、
君の中からあの〝火照った幼児の匂い〟がするのは、
僕の勝手な妄想の成せる業か？

杉山恒太郎
立教大学卒業後、電通に入社。デジタル領域のリーダーとしてインタラクティブ・コミュニケーションの確立に貢献。トラディショナル広告とインタラクティブ広告の両方を熟知したＥＣＤ。２０１２年ライトパブリシティへ移籍、２０１５年より代表取締役執行役員社長。代表作に小学館「ピッカピカの一年生」、セブン-イレブン「セブン-イレブンいい気分」、三越伊勢丹ホールディングス「this is japan.」、ＳＭＢＣ「金融ミュージアム」など。

杉山さんにはいつも「タカシ、大人になろうよ」と言われてきました。なれていません。恒太郎さんと世の中に、ごめんなさい。

13

「そうだ 京都、行こう。」「よそさん」が来た!

東海旅客鉄道(1993年)

2015年3月14日に、北陸新幹線が金沢まで開業した。

石川県のホームページでは、北陸新幹線金沢開業に向けたアクションプラン「STEP21」の詳細が書かれているが、その中に「北陸新幹線は21世紀に石川県が発展するための手段(ステップ)」という一文が記されている。

日本政策投資銀行北陸支店が出した2013年の試算では、約81億円の直接効果に第1次及び第2次間接波及効果による県内生産増加を加えると、年間約124億円の経済波及効果が、石川県内にもたらされる。その石川県の思惑は、当の北陸新幹線の金沢—大阪間が未通であることを考えると、もっぱら東京に向けられていると考えてよい。

年間約124億円の経済波及効果

東京へのラブレター。

私事になるが、東京の家から毎週末、京都の第一赤十字病院に父親を見舞っていた時期があった。ベッドの傍らで本を読んだり、書きものをしながら、昼になると外へ食事に出る。通例近場で済ますのだが、時には気を紛らわせる意味もあって、タクシーで四条や河原町の街場まで出かけた。

ある日、春だったと思う。タクシーに乗り込み「八坂さん」と行き先を告げたものの、五条坂の手前からまったく前に進まない。どうやら、世は観光シーズン真っただ中である。

その時、不意に運転手さんが大型観光バスを指して、「コイツらのせいで、春と秋はどうにもなりませんわ」と言った。旅先に落とされたお金は、タクシーのような観光業者を真っ先に潤すものだと思っていたのだが、どういう事情か、そのような穏やかならぬ「いけず」発言である。

さらに彼は続けた。「JRが『そうだ京都なんちゃら』とかいうのやるからですわ」。

「そうだ 京都、行こう。」である。

このJR東海の新幹線のキャンペーンは、1994年の京都遷都1200年をにらんで、その前年1993年にスタートし、2015年に23年目を迎えた。タクシーでの一件は8年前のことなので、スタートから14年。京都では展開されていなかったはずのこのコピーは、地元まで十分に周知されていた。

このキャンペーンもやはり北陸新幹線同様、一心に東を向いている。仮に福岡や札幌で同じメッセージを呼びかけたところで、潤すのは他のJRや航空会社であり、また観光客の供給地としてのサイズも十分ではない。つまりJR東海が独占的に収益をあげられる主たるターゲットは東京でしかあり得ず、また東京で十分なのである。そう考えてみれば、京都と東京という、ある意味日本を代表する都市の二者間で、ラブレターのように交わされた広告であった。

「そうだ」と「京都」と「行こう」である。日本語なんだから誰にでも書けるのではないか、と思われかねないところが、コピーというもののつらいところであるが（ホント、プロをナメたらアカンよ）、その誤解から眺めれば「**そうだ 京都、行こう。**」はさほどの技巧も凝らされてはいないように見える。いやいやいやいや、そうではないのだ。

東海旅客鉄道（1993年）CD：佐々木宏／C：太田恵美

コピーライターの太田恵美さんは、「スタート当時、京都は老人や団体向けのありきたりの観光地として、特に若年層に想起されにくくなっていた。そんな人たちに、パリよりもNYよりも身近で、より重要な行き先であることを知ってほしかった」と教えてくれた。「そうか！ そうだよ！ 京都があるじゃないか」という再発見を促すということだ。「そうだ」のたった3文字にも、確かにそんなことが読み取れる。

しかも、ありきたりなデスティネーションキャンペーンではない。前年春に運行を開始していた「のぞみ」は、当時の最高速となる時速２７０㎞を実現して、東京—新大阪間をそれまでの最速列車より19分早い2時間30分で結んでいた。夕方、丸の内にいる人が「そうだ」とばかりに「のぞみ」に乗って京都を目指すことにも違和感のない、2時間30分である。

京都は大都市である。必要なものは旅先で手に入れればよい。「そうだ」という言葉はオリエンペーパー上にありがちな「利便・簡便性」という訴求ポイントを、「気分」にまで絶妙にブレイクダウンしている。

実際この京都からのラブレターは、首尾よく功を奏したようだ。京都市を訪れた観光客は、1993年度に3828万人（前年度より1％減）だったものが（「京都市観光調査年報」）、2013年度には5162万人にまで達している（「京都観光総合調査」）。

その内訳でも、特に「**そうだ 京都、行こう。**」との連関がより想定される宿泊者数は877万人→1308万人と大きな伸びを示している。もっとも訪問者は東京からのものに限ったわけではないが、「**そうだ 京都、行こう。**」を基点とする全国的な拡散も含めての効果だと考えられる。

経済効果は都市を変質させる。

新幹線は1964年、東京オリンピックの年に開業された。当時は「ひかり」が最高速度210km／hで、東京―大阪間を4時間で結んだ(4時間もかかっていたという事実に驚かされる。ちなみに、現在の「のぞみ」の東海道新幹線内の最高速度は285km／hにまで達している)。

当時、新幹線「ひかり」への期待感は「夢の超特急」という言葉に表現され、日本の経済成長の象徴であるのと同時に、自身も高速でその経済の先頭を走ることを運命づけられた。それは「のぞみ」の世になっても、同じ意味合いを担う。旅客輸送人員は、1年間に総数1億5500万人を数える(2014年3月、JR東海)。

人が動けば、金も動く。

お金を落としてくれる人

それは官製用語で経済波及効果と呼ばれ、テーマパークがオープンしたり、阪神や広島が優勝したり、新幹線が開通したりすると、必ずどこかの機関が他人の街の懐具合を試算してくれる。

金が動けば、また人が動く。

その金額や人の数が大きいほど、その年数が重なるほど、それが投下されたエリアは、よくも悪くも変化を余儀なくされることになる。変化という言葉に違和感は持たれないかもしれないが、その変化は経済に関わることだけではない。

例えばその街の商売は、多かれ少なかれ、お金を落としてくれる人（主に観光客）の価値観の方向に傾斜する。京都ならば「そうだ」をきっかけに中央発のマスコミで描かれたのは、「東京好みの」京都である。京都に投下されたお金を間違いなく受け取ろうとするならば、「東京好みの」価値観を、地元としても大幅に逸脱するわけにはいかない（例えば、一般的な京都人は「おばんざい」という言葉を使ったことがない。しかし街中の料理屋では、あたりまえのように「おばんざい」と呼ばれるものが供されている)。

ガイドブックに紹介された飲食店はともかく、その現象は市井に暮らす者たちには望まない違和感だと想像できる。単なる「よそさん」ではない。自分たちの暮らしに、(断りもなく)別解釈を唱える「よそさん」なのだ。大げさな言い方をすれば、固有の文化や価値観への揺さぶりである。かの運転手さんの「いけず」を、無下に責めるわけにもいくまい(金沢はどうなっていくんだろう?)。

宇宙の果ては、光が光速で(あたりまえか)押し広げているという説を読んだことがある。「ひかり」は超高速で、日本の何度目かの近代化を推し進めていった(最大の光源は東京である)。新幹線事業を開発と捉え、演繹することも可能だ。開発とはそれまでの安定や静寂を損なうことである。

いけず

失われる過去を惜しみ、来るべきものへ懐疑的な態度をとることもできる。そう考えると「新幹線」という「かがやき」まぶしい「のぞみ」は、実はアンビバレントな感情（希望と不安、変わりたいという欲望と変わりたくないという欲望）を呼び起こしかねない存在であることもわかる。

個人的な意見を問われれば、次のように答える。

そもそも、社会に生きる限り変化は不可避なものであるし、「そうだ」と動ける世の中は素晴らしい。他方、古いもの、弱いもの、微細なものが淘汰され、都市の陰影が消されるとすればせつない。

何とも無責任な言い草である。しかしこれは広告のある種の諦観である。広告は基本的に変化（もちろんよくなる方への）の提案しかできないのだ。条件も付帯できない。「そうだ 京都の人の気分を損ねない程度に 京都、行こう。」とは書かないのである。

（2015年5月号）

京都、どーなっていくんやろ。

太田恵美

広告によってその町への無邪気な呼びかけが、
成功すればするほど文化の脆弱な部分を駆逐し、
結局、町は独自性を失っていく。
観光地として人を集めるほど観光地としての魅力を
失うというジレンマを、広告は解決することはできない。
そういう冷静な評論で、山本さんの原稿は締められていた。
山本さん、よろしいですよね。

たしかに、その町に暮らす人々より観光客が
たくさん目に入ってくるような町の人気は、
いつまで持つのだろう。私も不安でしかたがない。

消費材であれば、人気が出ても風景まで変えないから価値の低下に結びつきにくいだろうが、ラグジュアリーブランドのバッグが町にあふれると、ラグジュアリーではなくなるのに似ている。


山本さんの原稿を機に、当時の京都を振り返ってみた。

１９９０年代は日本も私たちもテーマはまだ成長、向上、上昇だった。

それに必要なものは異物であり、未経験という刺激だったわけで、知っている（つもりの）古都は、アルかナイかといえば、それは「ナイ」ということになる。

仏閣を回るという観光は人気がなかったわけではないだろうが、それは、明日を強く生きるに必須な体験や情報だとは思われていなかった。

そう、古都「京都」はまるごと脆弱な存在だったのだ。

しかし待てよ、むしろ現代に生きる者にこそ「古都」が効く。
古くさい。
これからはそこが良いんじゃないか、と言い出すことにした。
それがこのキャンペーンだった。
広告は、脆弱な部分に光を当てることもできるのだから。

「そうだ」の言葉の役割は、
山本さんが指摘するスピード感ではもちろんあるが、
それ以上に「そうだ、私には京都だわ」でもある。
コピーは、京都を威張ったり誉めるためにあるんじゃない。
さんざんに藻掻く今のあなたをわかっているから
来てみればと誘うためにある。これからもありたいと思う。
そういう視点を持てば、これからの京都で駆逐されそうな脆弱な部分を守れるような気もする。それが、著者・山本高史へのわたしからの返答だ。

京都は、我らふたりの同郷である。

制作の話ではなく、京都どーなるんやろ、という話になっていく。

そっとしておいてほしかったわ、という京都の人の気持ちもよくわかる。

しかしだ。じゃあ、京都の人たちが京都を知っているか、というとそうでもない。この私がそうだったからわかる。

京都のことを京都の外から語る意味は、やっぱりある。

太田恵美

コピーライター。１９５１年京都市生まれ、１９７０年から東京在住。ＪＲ東海「そうだ 京都、行こう。キャンペーン」は１９９３年秋にスタート、現在も続く。サントリー「南アルプスの天然水シリーズ」「ＢＯＳＳ贅沢微糖〝贅沢していい人〟」、「ウイスキー 〝響〟」、ソフトバンク「吉永小百合さん」、Ｐａｓｃｏ「超熟―サンドイッチ屋」、映画『かもめ食堂』『めがね』の制作、劇中の詩&作詞も手がける。

太田さんは、二人めの母でした（年齢はそうじゃありませんが）。泣き笑いの30年でしたね。これからも泣いて笑いましょう。

14

「恋は、遠い日の花火ではない。」
恋する気持ちが、男だよ。

サントリー（1994年）

「あー、いい女だな、と思う。その次には話をしたいなあ、と思う。ね。その次にはもうちょっと長くそばにいたいなあ、と思う。そのうち、こう、なんか気分がやわらかーくなってさ、あーもうこの人を幸せにしたいなあ、って思う。この人のためだったら命なんていらない、もう死んじゃってもいい、そう思う。それが愛ってもんじゃないかい？」

寅次郎のこの長ゼリフは、1975年封切りの『男はつらいよ 葛飾立志篇』でのものである。

「車寅次郎」という直情的で惚れやすい架空の人物から出たものではある

それが愛ってもんじゃないかい？

が、「男の恋心」の純情とその薄皮一枚向こうに見え隠れする欲望が、身にしみるように伝わってくる。(それが男ってもんなのよ)ってわけである。

男性の恋愛感情に感じ入ってしまうのは、もちろん同性がゆえだろうし、ぼくが「女の恋心」など想像もつかないすっとこどっこいだからだが、その共感は性的には正しいのかもしれないとも思う。

バブルの恋愛は。

もう25年くらい前のことになる。ある月刊誌創刊キャンペーンの競合プレゼンに参加した。ターゲットは男性20代後半から30代半ば、内容はファッションやライフスタイルということで、まさしく年齢的にも志向や嗜好的にも自分がそれにあたっていた。

時は、終盤とは言えバブルである。若い男女は恋愛に夢中で、クリスマスイブの高級フレンチやイタリアンのシートは3カ月前に予約で埋まり、聖夜には高価なプレゼントが飛び交い、12月25日朝の高級シティホテルではカップル（の男）たちがチェックアウトの列をなした。景気がよくなると、まず男は女性に尽くすものらしい。

冷静に考えれば、恒常的な男女の経済的な格差（2012年の女性の平均年収は男性の53・3％、「民間給与実態統計調査」より）に多かれ少なかれ起因するものかもしれないが、この時期の男女間の立場格差（女↑男↓）は、賃金格差の裏返しどころではなかった。

今や懐かしくもない死語の世界の「アッシー」は女性に呼び出されたらただひたすら運転手に徹し、「メッシー」は恋愛の結果を出すこともなくただひたすら食事をごちそうし、「ミツグ君」はその名の通り金品を贈り続けた。

当時の時代の特異性が極端な関係性を生じさせていたのだが、そういう本来苦役であることを喜びと感じてしまうことに、今となってはぼくも根源的な理解を示せるのもまた事実である。(それが男ってもんなのよ)ってわけだ。

テレビ番組やなんかで見たことのある、鮭の産卵シーンを思い出せばわかる。野生動物のオスたちの切ないまでの求愛行動からもわかる。いつも告白するように近づき、ライバルと争い、文字通りメスの尻を追うのはオスである。メスはオスを誘うが、追いかけるシーンは見たことがない(人間界にはたまにあるが、動物界にもあるのだろうか?)。

オスたちの恋心は、単なる感情や性欲以上に切実だ。その願いが成就しなければ、自分のDNAを後世に残すことはできないのである。もっともDNAなど見たこともないが、見たこともないもののために動かされることもオスのDNAには書き込み済みである。ある意味バブルの頃の男たちは、動物として理にかなった思考や行動をしていたのだと思う。
ぼくは件の競合プレゼンに「選ばれない男は絶滅する。」というキャッチフレーズを書いた。その頃の思いを素直に（そして割と上手に）吐露したつもりだったのだが、おしゃれでクリーンな生活を提案するファッション誌がそのコピーを採用しなかったのは、もちろん正しい選択であった（おまけにキービジュアルのひとつは、精子だった）。

しかしそのコピーライター（ぼくですが）はしつこい。そのすぐ後、言葉やビジュアルはともかく、ぼくの男女の恋愛観（強いて言えば「男の恋心」観）は西武百貨店の新聞15段広告に結実する。バレンタインデーをテーマとしたものだった。その（さすがにこの機会ばっかりは、女性↓男性）プレゼントにふさわしい商品が西武百貨店には豊富に揃っていますよ、というものだが、そのビジュアルは競馬新聞の出馬表をモチーフとした。

選ばれない男は絶滅する。

それぞれの枠に男の名前と印「◎○▲×注」が書かれている。

女性たちは「勝てる＝バレンタインの投資に見合う」男を選ぶのだ。キャッチフレーズは、そんなコンセプトまんまの「選ぶ女たち。」。バレンタインデーという、一見男の晴れ舞台のような日にあっても、チョコレートその他を前に、男たちは毎年組上に並べられる。

同じ男女のイベントでも、そこがプレゼントをもらう女たちが君臨する聖夜とは違っていた。なるほど、バレンタインデーとは、実に動物的な営みなんだなと気がつく。彼女たちは「誘って」いるのである。

西武百貨店（1991年）C：山本高史

それから数年が過ぎた。1994年8月のジュリアナ東京の閉店がバブルの終焉を念押しし、「失われた10（20）年」は静かにスタートしていた。同年の新語・流行語大賞の「就職氷河期」や「価格破壊」という言葉が、今日《こんにち》まで続く世の中の低温感を語っていた。

大人も恋をしたいんだよ。

「**恋は、遠い日の花火ではない。**」は、そんな年のそんな社会に登場した。リニューアルされたサントリーの「NEWオールド」キャンペーンのコピーで、書いたのは小野田隆雄さん。

小野田さんはその著書『職業、コピーライター』で次のように述べている。

「あの頃、あまり明るいニュースのない時代が続き、右肩上がりの経済成長も

サントリー(1994年) CD：大島征夫／C：小野田隆雄、川野康之

終った。団塊の世代前後の昭和の戦士たちは、くたびれていた。何が彼らの心を癒して、誰が彼らを勇気付けられるのだろうか」(原文ママ)

その答えは、「誰かが自分を信頼し、暖かく見守ってくれていたら、きっとその人のためにも、元気よく生きられるだろう」ということだった。そして「男の恋心」のストーリーが紡がれる。

その頃、団塊の世代は50歳を目前に控えていた。1995年の男性の生涯未婚率(50歳時点で一度も結婚したことがない人の割合)は、約9%であった(「人口統計資料集 2012年版」より)。おおよその推定にはなるが、50歳前後の男たちの90%以上は過去に結婚を経験し、つまり誰かと恋愛関係にあったのは、それ以前のことだ(不倫経験などは、とりあえず問わないものとする)。

30歳で結婚したのであれば、20年も前のこと。恋愛など過去の薄れた記憶である。小野田さんはその記憶を「遠い日の花火」と表した。

小野田さんが子どもの頃、故郷の河原で見ていた対岸の花火。遠くの空に花が咲いたと思ったら、それに遅れて「ドーン」と音が聞こえる。そんな懐かしい、もしかするともう記憶としても失われてしまいそうなものを、恋に重ねあわせた。このテレビCMではそんな「遠い日の花火ではない」恋心が、主人公の男の純情と欲望を突っついていた。


ぼくはこの広告をリアルタイムで見た時、実はピンと来なかった、と小野田さんに告白した。当時のぼくにとって恋は「遠い花火」ではなく、目の前の「火花」だったからだ。それをいったんは遠望することに、当時の若僧は自分とは異なる恋愛観を感じた。

勝手な解釈は失礼だと承知の上で、このコピーは「恋」をモチーフに「男」を描いているのだと思う。そしてその本質は「衰え」にあると思う。誤解を怖れて補足すると、これは決して悪い意味ではない。未熟さを勢いとないまぜにして走ってきた男は、やがて成熟と引き換えに無謀な若さを失う。衰えと安らかに暮らしながら生きていくのも、そんなに悪いものではない。人間、どうせみんなそうだ。

しかし衰えても明るく前を向きたい、時には恋にも向き合わねばならない（平たく言うと、モテたい）というのは、勝手ながら男の「性《さが》」である。女性に選ばれたいのは、ひとりの人生どころの話ではない。ＤＮＡレベル（精子レベル）の問題である。

そのＤＮＡを活かすかどうかはおいといて、この広告は「恋の成就は、それはそれで、まあいいじゃないか。恋する気持ちが男だよ」と、衰えの見え始めた「団塊の世代前後の昭和の戦士たち」に語りかけていたのだと思う。

「人生の幸福というものは、ただ明るく元気なことだけではなく、心にしみいるようなしみじみした情感も伴うものではないだろうか。人生には寂しいことも悲しいことも多いのだから」と、小野田さんは書く。

今、十分に衰えたぼくには、このコピーも小野田さんの言葉も心に深くしみいる。

男はつらいよ、いい意味で。


（2015年6月号）

人生不詳。

小野田隆雄

山本さんは「恋は、遠い日の花火ではない。」について、
「このコピーは、『恋』をモチーフに『男』を描いているのだと思う」と書いている。
変な話だが、作者本人がこれを読んで「ああ、そうだったのか」と思った。
このフレーズを考えていたのは、ウイスキーから団塊の世代へ
応援のメッセージを贈るというテーマで、言葉を考えているときだった。
そして、なんの論理的な脈絡もなく、浮かんできたフレーズだった。

当時の私は、50歳に手が届きそうな年齢だった。
長い下り坂を歩き始めたときであり、山本さんの言うとおり、
まさにこのコピーの「本質は『衰え』にある」のだった。
あのコピーは、私の本能のつぶやきだったのだろう。

私より20歳近く若い山本さんについて、
ひそかに思っていたことがあった。
「変われるって、ドキドキ」という、
新車かモデルチェンジの自動車のコピーがあった。
彼のこのコピーを見たとき、
脱皮しながら成長していく若者の、心の鼓動を聴いたように思った。
クルマというゴツイ商品が、人生の中に入ってくるような新鮮さがあった。
私は同業他者として、山本という男のメッセージに、
パワーのある感受性の鋭さを感じたことを憶えている。

「深夜ビデオやさんでHなビデオに胸ときめかせたりするこのか弱き者にも、
実は自我の奥底には、ふたつとない疾風怒涛の人生の宿ってたことに気づき、
ふと感涙にむせんだものでした」

この言葉は、山本さんが１９８８年に小学館の『昭和文学全集』のコピーで
ＴＣＣの新人賞を受賞したときに、
コピー年鑑に掲載された感想文の一節である。
受賞作品は「人生不詳。」と「ああ 幸せが 情ない。」の二本だった。
あの頃の彼の年齢は知らない。
きっと、いつも恋の花火で火傷ばかりしていたのだろう。

小野田隆雄

1942年栃木県生まれ。資生堂 宣伝部を経て、1983年独立。2001年よりエフクリエイションでコピーライター&クリエイティブディレクター。TCC賞、朝日広告賞、ACC賞、電通賞など受賞多数。資生堂、サントリー、パルコ、ライフネット生命などの広告制作を担当。サントリー「恋は、遠い日の花火ではない。」「近道なんか、なかったぜ。」、資生堂「ほほ ほんのり染めて」「春なのにコスモスみたい」「ゆれる、まなざし」など、日本語の美しさを生かした広告コピーを生み出した。2014年度TCC HALL OF FAME（コピーライターの名誉殿堂）に入る。

小野田さんは、ダンディズムだと思う。笑う時も考える時もそうだ。つまりダンディズムとは真摯であることだと教わりました（ダジャレじゃないスよ）。

15

「やがて、いのちに変わるもの。」

企業の勇気について。

ミツカン（2004年）

広告は社会のアダ花と称されることはあれど、アダ花も花のうち、花の命も短いのである。花も萎えれば生ゴミに分別される。広告は「生モノ」である。その賞味期限はとても短い。

広告の賞味期限。

広告は「その場／その時」の「時代／社会／人間」という背景を持つ。そしてその文脈から紡ぎ出される（のか、ひり出されるのか）。だから時間が「その場／その時」を過ぎて「時代／社会／人間」が変化してしまうと、広告とし

賞味期限切れ

てのそもそもの期待値を満たすことはできない。

例えば、仮に今2010年の広告を見るとすれば、時間の経過（2010年→2015年）や、その間のさまざまな出来事（例えば東日本大震災）が、「その場／その時」を変えてしまい、つまりその広告が世に出た2010年の「時代／社会／人間」を変化させてしまったことがわかる。ゆえに2010年のメッセージは、もう消費者に正確にはミートしない（「津波」という言葉を考えればわかりやすい。それはもう少なくとも広告では、ミートという論点どころか扱い不可なものとなってしまった）。

特にコピーに関しては、その「時代／社会／人間」が要求するベネフィットを言葉で的確に約束する使命を担っているのだから、賞味期限が過ぎてしまえば、誰かの記憶に留まることはあっても広告経済的には（モノを売るという機能においては）、賞味期限切れなのである。

この連載で取り上げている「名作」と呼ばれるものを見ていると、その生命は永遠のようにすら思えるが、例外はない。

言葉の曖昧化。

ぼくが講義でそのような持論を展開すると、学生がいわゆる「企業スローガン」のような企業メッセージはどうなんだと聞いてくる。確かに、日経BPコンサルティングの「企業メッセージ調査２０１４」にあるようなメッセージは、コピーとして尖っているわけではないが、どこかしらいぶし銀の趣もある。

そもそも企業メッセージは、それで直接的に商品やサービスを売るものではない。「企業の姿勢、価値、存在意義を、消費者や社会に約束するもの」である。ゆえにそのメッセージには、有効期限付き、ましてやそれが短命であることなど、あっちゃイカンのだ。

「長く変わらない」で「広く認められる」

図表　企業名想起率トップ10

順位	企業名	メッセージ	企業名想起率
1	ロッテ	お口の恋人	70.4%
2	ファミリーマート	あなたと、コンビに、ファミリーマート	62.7%
3	ニトリ	「お、ねだん以上。」ニトリ	56.3%
4	コスモ石油	ココロも満タンに	53.2%
5	カルピス	カラダにピース　CALPIS	46.8%
6	ケーズホールディングス	新製品が安い	40.9%
7	マツダ	ZOOM-ZOOM（ズーム・ズーム）	34.3%
8	トヨタ自動車	FUN TO DRIVE, AGAIN.	32.9%
9	日立製作所	Inspire the Next	32.4%
10	吉野屋ホールディングス	「うまい、やすい、はやい」	30.1%

出典：日経BPコンサルティング「企業メッセージ調査 2014」企業名想起率より上位10社を抜粋
※企業名想起率…メッセージのみを提示し、その発信元である企業名を自由記述で正しく記入できた率。

企業理念と呼ばれるものに近接し、連携しているものだからである。理念が経営状況や時代の変化、社会環境によって変わることを前提とされているものならば、それこそ企業の持続性を疑われる。だからこそ「長く変わらない」で「広く認められる」ことが望ましいのである。

コミュニケーションの一般論ではあるが、もし企業メッセージが長く広い耐用を要求されるものならば、その言葉はある傾向を持つ。

「時代／社会／人間」に沿って考えてみると、まずパッと変わる「時代」に合わせるわけにはいかない。それは短期的に答えを出さなければならない商品の広告キャンペーンの範疇である。

「社会」と企業の関係を語るのは経営の観点からも当然のことではあるが、あまり論点を絞り過ぎると数年後には焦点を結ばない可能性もある（例えば「環境」という概念が、時間を追って微調整を加えられるように）。

では「人間」に寄り添うのが適切かと考えると、つまりはその企業メッセージこそがその企業の特定の人間観を問われることとなる。責任が重い。さらに「広く」という論点においては、地域差や価値観差も考慮されなければならない。

いずれにしても、事細かな具体性は避け、ある程度以上の普遍性を提示し、万人に否定されない妥当性を持ち、表現は社会的に穏当であるほうが無難で

変わらない、飽きられない、異論を唱えられない

ある。変わらない、飽きられない、異論を唱えられない、である。決して非難しているのではない。言葉は、「その性質を理解して」、用途に応じて適切に使い分けられることが望ましい姿なのである。

「その性質を理解して」とは、こういうことだ。

言葉とは実に面倒くさい。それは言葉そのものが「約束」だからである。「13時に」と言えば「13時」を指し、「赤だ」と言えば「赤」以外の何ものでもない。肯定は同時にそれ以外の全否定を意味する。つまり言葉を発することは、意味のピンスポットに自分を立たせることだ。その四方を断崖に囲まれた「意味の孤島」から少しでも外れれば、そのつもりがなくても約束を破ったとの誹《そし》りを受ける。

それが辛ければ、「13時頃」とか「赤系で」というふうに、約束の精度を落とすしかない。企業メッセージは、このピンスポットに立つことを嫌う。「長く、広く」を望むのならば、ある程度曖昧さに傾くことも想像に難くない。

『コピー年鑑1972』に企業メッセージを見る。「ロゴ上」に置かれるものを中心に集めてみた。業種を絞らずに羅列する。

「あなたと共に生活しつづける」「新しい住まいづくり」「21世紀を創造する」「未来を開発する」「あなたと共に未来を築く」「みなさまのお役に立つ」「新しい銀行サービスを開発する」「新しい清潔をつくりだす」というものであった。

「新しい」や「未来」という実体に乏しい物事への言及、そして「あなた」や「みなさま」という漠然としたターゲティングなど、あえて抽象性を高めているようにも読める。その傾向は1980年代になってもさほど変わらず、「品質はおいしさ」「味の名門」「音と光の未来をひらく」というメッセージが散

受け手の拒絶するメッセージは送れない

見される（『コピー年鑑1985』）。
2015年の生活実感からすると、どれもが違和感（その違和感については後に述べる）のある企業メッセージではあるが、それは2015年における違和感に過ぎない。広告の送り手は、受け手の拒絶するメッセージを基本的には送れない。これらもまたさまざまな広告やコピーと同じように、1970、80年代の「時代／社会／人間」に要求されたものなのだ。

「時代／社会／人間」に曖昧さが糾弾されたのであれば、先述のようなメッセージは林立しない。「みなさま」や「未来」が重要な意味を持ってやりとりされたのだ。繰り返すが、言葉は用途に応じて適切に使い分けられる使命を持つ。何ごとにもエッジを立てればよいというものではない。狭量さはむしろ、コミュニケーションを滞らせる。先述のメッセージは、企業の「見せ方」を熟慮した上での曖昧さを表現したものだと理解する。

しかし、それは言葉の持つ性質を誠実に理解しての「見せ方」ということである。企業が言葉の性質を怖れての狡さならば論調は異なる。

先の「違和感」の根っこを「企業」という存在の時を経た変化に求める。そこに1970、80年代という、現在とは明らかに違う時代の企業メッセージを引っ張り出してきた理由がある。

ここからは、ぼくらが生きる世紀の話だ。

「産地偽装」「リコール隠し」「個人情報流出」「耐震強度偽装」「賞味期限改ざん」「アルバイトのテロツイート」、またそれに対応する「クレーマー」の存在、「SNS」による情報の拡散など、どんな企業も大小「不祥事」の張本人になる可能性を否定できず、それによって多々ある他山の石からも、過度のダメージを受けかねない。

そうなると企業メッセージで具体的な約束の精度を高くすることなど、万が一傷を負った時には自ら塩をすり込むことにもなる。企業メッセージがそこを避けるのは真っ当な経営判断だとも言える。
しかし、そのことからは同時に企業の言葉への「臆病さ」、強いていえば「狡さ」とも読み取れる。言葉の性質を考えて積極的に曖昧さを採用しようということではなく、言葉の性質を恐れて積極的に具体性を避けようということだ。

言葉は約束である。

「やがて、いのちに変わるもの。」（2004年）には驚いた。それは今もミツカンの根幹に関わる企業メッセージである。岩崎俊一さんのコピーだ。その策定に関わられていたミツカンの武本勉さんにお話を伺った。やはり反対は「少なくはなかった」そうだ。理由はやはり「送り手にとって厳しい約束」だった。
ぼくが驚いたのも、その企業側からの詳細な約束だった。「**やがて、いのち**

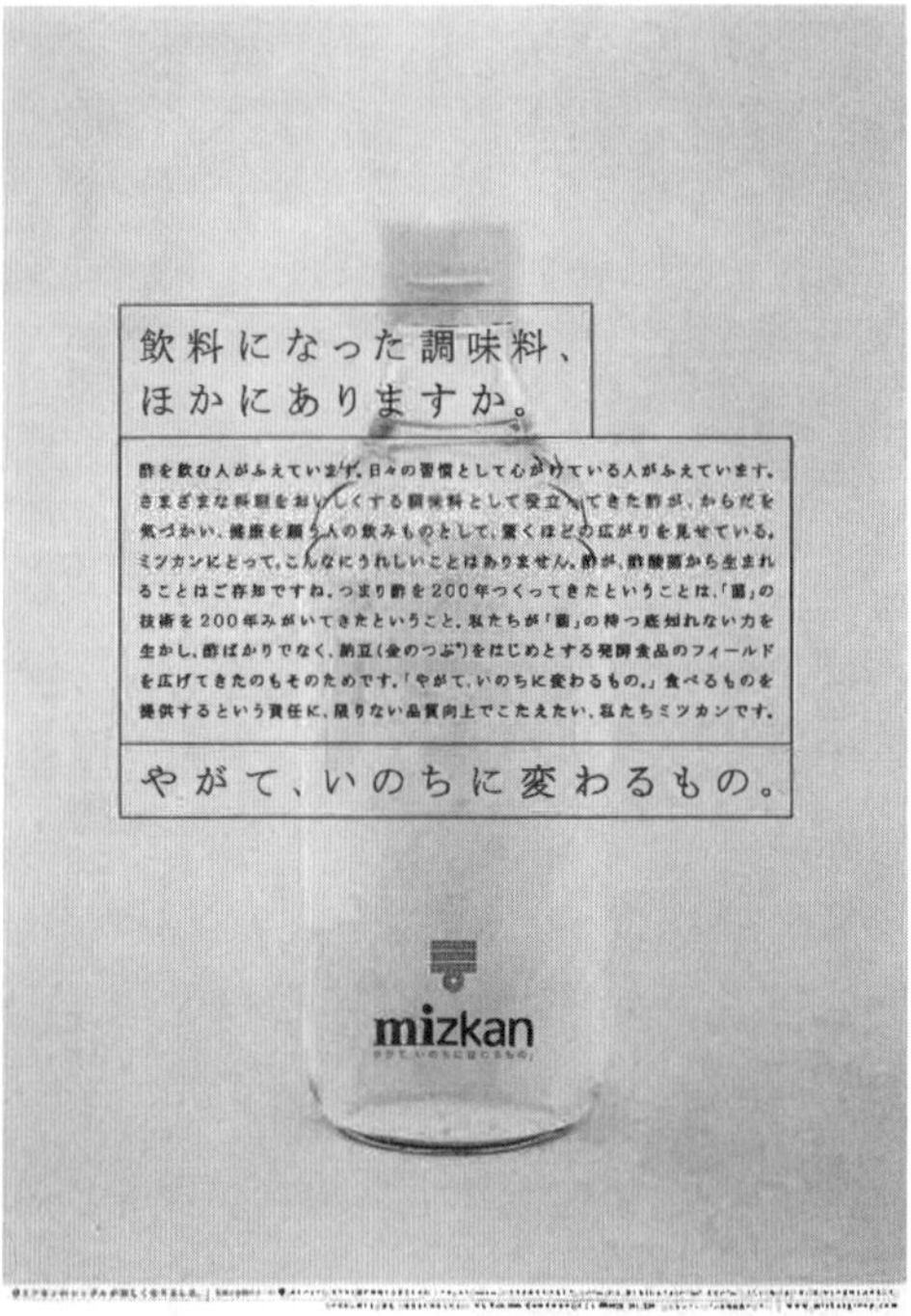

ミツカン（2004年）CD：鈴木武人／C：岩崎俊一、岡本欣也

に変わるもの。」は、１９６８年の広告コピー「この子にはまじりけのないものを与えたい！」に見られるミツカンの信念や矜持と岩崎さんがつくり上げたものだが、しかしこれもぼくらの生きる「時代／社会／人間」が必然的に導き出したのだと考えることもできる。

先に「『新しい』や『未来』という実体に乏しい物事」と書いた。しかし１９７０、８０年代に企業メッセージに多用された「新しい」という言葉は、実は曖昧な約束ではなかったのだ。

新商品や新サービスなどが生活者や社会に向けて、これまでになく便利で快適な「新しい」現実を次々と実現していった。だから企業メッセージの約束するベネフィットは、「新しい」で事足りた。その約束を現実が叶えるのだ。「新しい」は「幸福」と同義語だった。

２０１５年、モノとヒトとの関係は１９７０、８０年代とは同じではない。

「新しい」は「幸福」とは別もので、今企業の約束する「幸福」は、「どのようにして」「どんなものを」「いつ」「どうやって」生活者や社会に対して貢献するものなのかの説明を要求される。その「幸福」を証明してみせるモノもサービスもすでに飽和気味だ。

言葉に曖昧さは許容されてはいない。企業メッセージにとっては厄介な状況となったが、その厄介さはコミュニケーションをあたりまえの方向に変えてくれるものだと思う。

言葉は「約束」である。「約束」である以上、正確になされなければならない。原理原則である。それを成すことを勇気とは呼ばない。

「幸福」を証明してみせる

（2015年7月号）

16

「おいしいものは、脂肪と糖でできている。」

欲望市場にて。

日本コカ・コーラ（２０１４年）

江戸時代の男性の平均身長は、２６０年余を通して、およそ１５５～１５７㎝、女性は１４３～１４５㎝。身分による違いや地域格差の可能性はあるものの、当時の文献、衣装の寸法、根拠となる人骨サンプル数の多さからも、推定の精度は確保されている（ちなみに徳川吉宗さんは１５５・５㎝という通説がある）。

体重に関しては身長ほどの推定の材料は持たないが、その食生活は、現代的な肥満の要件が満たされるとはとても考えにくい。彼らは一汁一菜程度のもので食事を済ました。いわば粗食である。暴飲暴食など家計も社会も許さない。

徳川吉宗さんは 155.5㎝

1997年に「アメリカの食事目標」を報告するものとして出された「マクガバン・レポート（アメリカ合衆国上院栄養問題特別委員会報告書）」は食事と健康・慢性疾患との関係を考える上で、日本的な食生活を礼賛している。中でももっとも理想的な食事と定義したのは、玄米を主食とする元禄時代以前の食生活だった。それを肥満や成人病の対角に位置づけている。

粗食に加えて運動である。電車もバスも、自転車すらない。駕籠はあったが、庶民が日用使いするようなものではない。亭主は近からぬ勤め先に徒歩で通い、勤務先での労働も機械の力を借りない、おそらくは消費エネルギーの大きいものだった。女房は、何ごとも歩いて用を足し、炊事洗濯掃除家事一通り人力でこなした。常識的には、太りようがない。

江戸時代ですらそうだとすると、それ以前の状況も想像に難くない。食品の安定供給が実現されていない時代では、食に関する不安とは、肥満ではなく飢餓である。食の論点は美容でもなく、健康ですらなく、生命である。その世界では「ダイエット」など、想像もつかない。

日本の女性は太っていない。

「ダイエット」は、今回のキーワードである。

もともとの意味は「規定食」、つまり健康や美容の改善・保持のために食事を制限することである。今のぼくらの用いる「ダイエット」という言葉はそれに遠からずも当たらず、手段を食事に限らず、運動やサプリメント、マッサージなども含め、減量・痩身を果たそうとするものである。ここでは後者の意味合いで用いる。

アメリカにおいて「ダイエット」という概念が現れたのは19世紀半ば以降のことだが、日本ではそれよりおよそ1世紀遅れた1960年代のことと言われている。

ツイッギーの来日

その説は、1967年ツイッギーの来日によって喚起された華奢な身体への憧れ、そしてそれに続くミニスカートブームなどに起源を求めている。それ以前に1953年の伊東絹子のミス・ユニバース入賞を機に、体型に関する認識が変化したという説もある。

その変化を数字的に裏づける、興味深いデータがある。厚生労働省が行っている「国民健康・栄養調査」である。

BMI（Body Mass Index）指数とは、体重（kg）を身長（m）の2乗で割ったもので、日本肥満学会はBMI値22を標準としている。

次のページに1947年から2012年までの値の変化を示す図表を掲げたが、男性がほぼ一様に右肩上がりの傾向を示しているのに対して、女性のグラフは異なる線形を描き出している。

特に20代のそれは、調査当初（つまり終戦直後）こそ22前後だが、徐々に降

図表　日本人の体格の変化（BMIの推移）1947～2012年

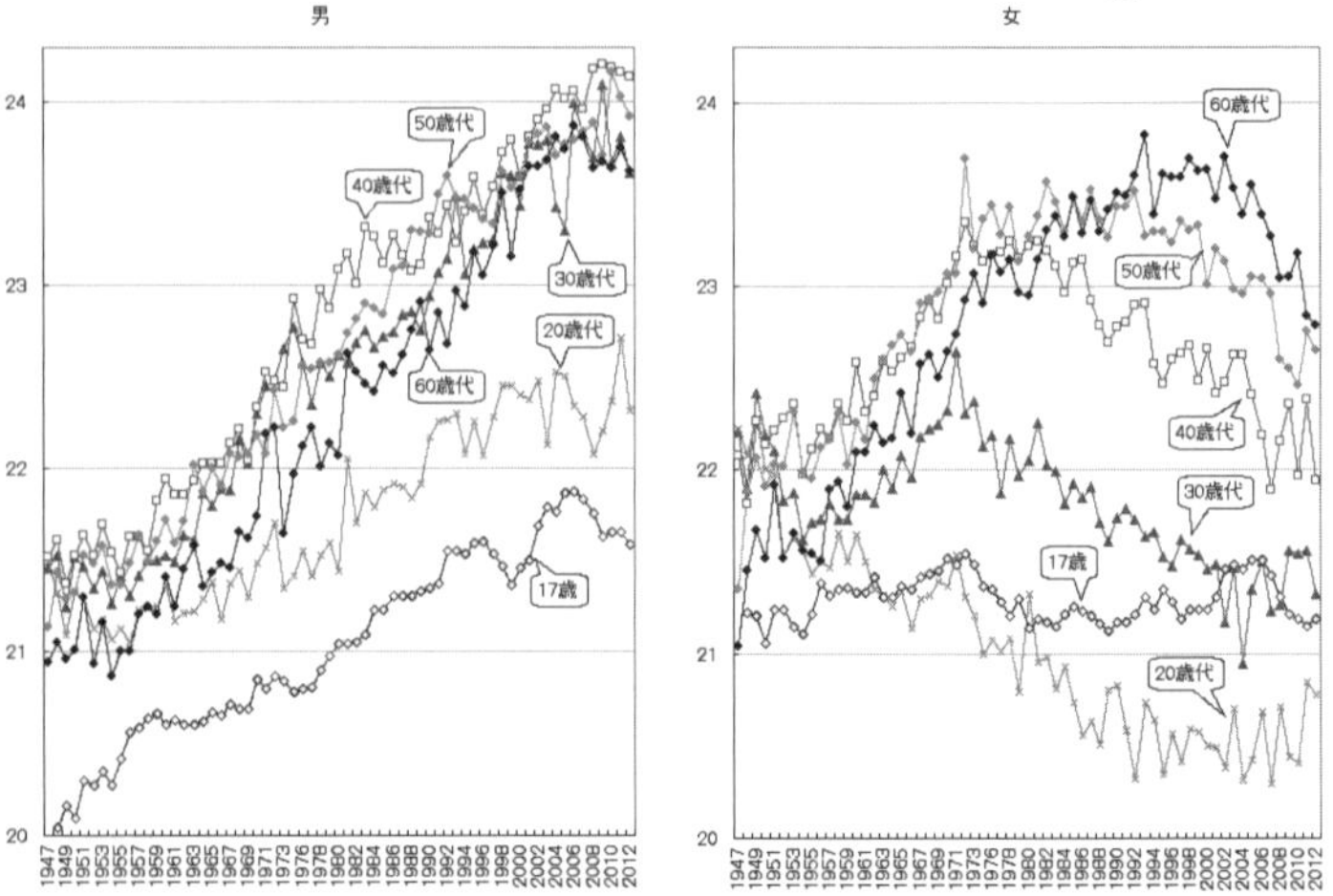

出典：社会実情データ図録＜国民健康・栄養調査（厚生労働省、1974年調査なし）、学校保健統計（文部科学省、17歳）＞　※BMIは体格指数で体重(kg)を身長(m)の2乗で割ったもの。25以上は「肥満」、18.5以下は「やせ」とされる。ここでは平均体重と平均身長から算出。1987年までの20～29歳は20～25歳の各歳データ及び26～29歳データによる平均値から計算。

下を始め、以降折れ線は若干の上下を描くもののその傾向は続いている。それに30代が追随し、最近では指数が20代と近接している（それどころか、40、50、60代までも）。大きな下落が伊東絹子の1950年代半ばと、ツイッギー来日の1960年代後半に見られるのが（因果関係はそんなに単純ではないにせよ）、興味深い。

日本女性は太っていない

いずれにしても、栄養事情が明らかに改善されていく途上で、それに逆行するように日本女性のＢＭＩ値を下げているのは、「ダイエット」への意識であると考えるのが妥当ではないか（それにしても、日本女性は太っていないのである！）。

「ダイエット」はそれが痩身のためであろうが、健康のためであろうが、余剰を前提としている。食を飢餓と結びつけて生きる人々には、痩身は苦境であり、生命あっての健康である。日常的な代謝以上のカロリーをとらなければ、余剰を生み出すことはできない。

生み出したければ、せっせと脂肪分と糖分の摂取に努め、運動量を減らせばよい。あたりまえのように交通機関を利用し（タクシーなんかおすすめ）、機械とインターネットがなんとかしてくれる日常を過ごせばよい。

つまり江戸時代の庶民とはほど遠く、まさしく我々の日常である。戦後の日本社会に余裕や余剰を発生し始めた時期と、「ダイエット」という概念の出現とが符合する。ツイッギーや伊東絹子は、そのきっかけだったのだろう。

欲望の、測りがたいダイナミズム。

「**おいしいものは、脂肪と糖でできている。**」（2014年）は、日本コカ・コーラの「からだすこやか茶W」のコピー。コピーライターは藤本宗将さん。「からだすこやか茶W」はいわゆるトクホ（特定保健用食品）の商品で、具体的な健康面での改善を謳うことはできないが、科学的な根拠を持つ効果は明記できる。この場合、「脂肪の吸収を抑え、糖の吸収をおだやかにする」ということだ。

つまりトクホの目的は、その根拠となる法律と同じく、「健康増進」である。藤本さんも「ダイエットよりも摂取栄養の適正化」と言っていた。しかし体

科学的な根拠を持つ効果

日本コカ·コーラ（2014年）CD：沢田耕一／C：藤本宗将

型に悩みを持つ我々消費者は、どうしてもその商品や広告を「ダイエット」の文脈で受けとめる。

ある時ぼくのゼミ生が、この広告をテーマとした講義の後に話しかけてきた。「あのコマーシャル、お寿司屋さんとかラーメン屋さんからクレーム来ないんですかね?」。「なぜ?」と尋ねると「こんなもん食べると太るぞ、って言ってるみたいじゃないですか」と言う。

ぼくは頭の中でその質問を反芻しながら、「そんなことないと思うよ」と答える。メッセージとうまそうな寿司、パスタ、ピザ、お好み焼き、ラーメン、お弁当のビジュアルからは、広告が「食うな」と言っているようには思えなかった。それどころか「食え」と言っている。

広告は基本的に、消費者の「不足」を論点とすることで成り立っている。「これ足りないでしょう? 不便でしょう?」ということだ。「100」に達し

欲望の肯定

ない状況である。

ところが余剰という概念は、もちろん「100」を超えたところにある。それを広告のネタ、つまり企業の収益の現場としているものは、ぼくには「環境」と「ダイエット」しか思い浮かばない。両者共に、消費者に何も禁止しない方向で、他の方法を提案している。

「地球環境は大切です、でもクルマには乗りましょう、こんな解決策で」「環境負荷は減らしましょう、でもこの種の商品は使いましょう、こんな解決策がありますから」。そして「お寿司も、ラーメンも、お好み焼きも食べましょうよ、この解消法で」である。

「**おいしいものは、脂肪と糖でできている。**」の真のダイナミズムは、実はこの「欲望の肯定」にあると思う。「食べたい」という欲望を認めながら、「ダイエットしたい」という欲望も叶えようとするのだ。その欲望のあっけらかんとした肯定が、実に心地よい。

「からだすこやか茶W」の競合商品である「サントリー黒烏龍茶」のテレビCMでも、出演しているミランダ・カーがためらうことなく唐揚げを食っている。

余剰のないところにはダイエットという概念はない、と先に書いた。幸福な余剰が生まれた昭和のある時期から、ダイエットはブームにもなった。紅茶キノコ、ルームランナー、ぶら下がり健康器から、最近の記憶では耳つぼ、ビリーズブートキャンプ、ロングブレス、レコーディング、プチ断食、低糖質、加圧トレーニング…。

そのすべては多かれ少なかれ商売を前提としている。プロモートしているのは広告である。もともと広告全体が推し進めた（おいしいもの買って↓食べて↓より便利に生活して↓運動の労苦を減らして↓カラダのサイズが気になって）という余剰の状況を、広告はもういちどマーケット化しているので

広告が欲望を煽る

ある。

考えてみれば、何ともしたたかなことである。広告が欲望を煽ることに眉をひそめる向きもあろう。しかし欲望が露わな世の中は、ある意味健全である。欲望がない、もしくは欲望が抑圧された社会になど、暮らせるもんか。

（2015年8月号）

生徒は独白する。

藤本宗将

いつにない緊張を感じながら、その取材は始まりました。
なにしろ山本高史さんは、大学の先生になられる前から
僕の先生だったのです。

いまから20年ほど前、電通の新入社員だった僕らは、
毎朝クリエーティブ局の会議室に集まって、
山本先生からコピーを教わりました。
ご本人には言ってませんが、「山本学校」のあの時間こそ、たまたま広告会社に
入ってしまった僕が、本気でコピーライターをめざすことになった原点です。
(でもその数年後、「お前らはオレが指導してやったのに、
誰ひとり伸びなかったな」と言い放たれましたけど…)

その山本先生に取り上げていただいたのは、「からだすこやか茶W」。
トクホの広告には厳しい制約があって、
メッセージもストレートに書けないのですが、
この広告の真意は、食べていいんだよ、ということ。
まさに、指摘の通り「欲望の肯定」です。
我慢を感じさせるメッセージでは、商品が売れないんです。
もっともそれを露骨には言えないので、自分の中では
「おいしいものを礼賛する」という気持ちで、コピーを書いています。
お寿司最高！　ラーメン万歳！
（脂肪と糖でできているんですけどね！）みたいな。

それにしても、山本さんの視点は面白い。
BMI推移のデータや社会の変化を読み解きながら、

日本人の欲望をあざやかに浮き彫りにしていく。
きっと大学の講義も面白いんだろうなあ。
もういちど山本先生の授業を受けてみたいなあ、
と一瞬思いました。一瞬だけですけど。
ところで、あれから僕、ちょっとは伸びたんですかね？ 山本先生。

藤本宗将
電通 コピーライター。１９７２年、愛媛県生まれ。東京大学法学部卒・東京大学社会情報研究所修了。主な仕事に、ベルリッツ・ジャパン「ちゃんとした英語を。仕事ですから。」、本田技研工業 企業広告「負けるもんか。」、日本コカ・コーラ からだすこやか茶Ｗ「おいしいものは、脂肪と糖でできている。」、ａｕブランドスローガン「あたらしい自由。」などがある。ＴＣＣ最高新人賞、ＴＣＣ賞、ＡＣＣグランプリ、ＡＤＣグランプリ、ギャラクシー賞グランプリなど受賞多数。

藤本さんがこんなに素晴らしいクリエイティブになるとは、あの頃毎朝早起きした甲斐がありました。それにしても「フジモトは、脂肪と糖でできている」。

17

「ウイスキーが、お好きでしょ」記憶は甘い。

サントリー（1990年）

オヤジにはお得意の口癖がふたつある。

ひとつは「近頃の若いヤツは」。

自分が「近頃の若いヤツ」だった頃には、そんなことのたまう大人には決してなるまいと誓っていたはずなのだが、どうやら「近頃の若いヤツは」のひと言は、オヤジにとって避けて通れぬ甘いトラップであるようだ。しかもその物言いは長き伝統を有するものらしく、「近頃の」は4000年前エジプトの古代王朝の頃にはすでに存在していたらしい。

柳田国男の『木綿以前の事』の中に「（エジプトの中期王朝の記録を訳して

近頃の若いヤツ

みると）曰くこの頃の若い者は才智にまかせて、軽佻の風を悦び、古人の質実剛健なる流儀を、ないがしろにするのは歎かわしいことだ云々と、是と全然同じ事を四千年後の先輩もまだ言っているのである」（原文ママ）と書かれている。

その苦言は長年にわたって受け継がれた先輩の特権なのだ。柳田国男のお墨付きなのだ。「近頃の若者」にもの申すことに何のためらいもいらん。甘いトラップ上等、である。

オヤジの口癖には、もうひとつある。「昔はよかった」。

しかしこちらは、口癖だとしても声に出されることはあまりない。心のフキダシの中に吐き出される、ため息まじりの独白である。人に（特に「近頃の若いヤツ」）聞かれでもしたら、古い男の敗北宣言ともとられかねない。

変化は苦痛だ。

ぼくが担当したトヨタ カローラのキャンペーン「変われるって、ドキドキ」（2000年）で、先の件に絡んで気づいたことがある。当時のカローラユーザーの中心域は60歳。オジサン、オバサンだ。

結論から言うと、彼らの当時の本音は「もういいよ」であった。「私らはもういいよ。カローラで、もういいよ」である。

2000年と言えばミレニアム、その翌年人類はついに21世紀を迎える。バブル経済崩壊後の日本社会は久々に上気していた。単なる気分的な盛り上がりだけではなく、ITという産業が社会の表舞台に躍り出てきた時期だった。「IT革命」は2000年度の新語・流行語大賞である。何しろ「革命」である。世の中が根本的に変わるのだという無邪気な予感にあふれていた。

そしてその変化に対してカローラに乗る60歳たちは、「もういいよ」と微笑み

「もういいよ」

ながらも首を横に振っていた。

しかし彼らはＩＴそのものを否定していたのではないように思う。２０００年の60歳前後は、単純に考えると１９４０年前後の生まれだ。20代を日本の１９６０年代の高度経済成長期と共にしている。ＮＨＫが地上波テレビ放送を開始したのは１９５３年の２月だが、テレビ受像機があまりに高価だったために一般家庭には普及が遅れた。街頭テレビのプロレスに熱狂する人々の画像は、テレビに手の届かない頃のものである。

状況をブレイクしたのが１９５９年４月の皇太子明仁親王（今上天皇）のご成婚で、それをきっかけにテレビのお茶の間への普及は加速される。１９６０年にはカラー放送が始まり、当初はカラーのシーンは全放送の中の一部に過ぎなかったが、１９６４年の東京オリンピックなどを機に受像機が白黒テレビからカラーテレビに置き換わっていく。受像機《ハード》の増加と歩調を合わせて、番組《ソフト》もカラーが主となる。そこからは、画質が上がり、画面のサイズが大きくなり、リモコンが付属され、というふうに進化を果たす。

そんな幸せな経緯を、2000年の60歳は目の当たりにし、享受してきた。工業技術や、言ってみれば科学の進化が人や社会の幸福を増やしてくれるということを、身をもって知る世代である。テレビだけじゃない。洗濯機だって、下水道だって、高速道路だってそうだ。

なのに、2000年のITは「もういいよ」である。かつて変化に夢中になっていたはずの同じ人が変化を遠ざける。その心変わりに反論するように提案したのが、「変われるって、ドキドキ」だった。

その前提で用意した仮説がある。

「人にとって『変わる』ということは、ある時期からは幸福な経験とは限らなくなるからではないか?」ということ。

自分の中に「余地」

若い時期に変わることにためらいがないのは、それは自分の中に「余地」が残っているからではないか。豊富な「余地」に新しい経験（という情報）を放り込むことは苦もないことで、日々更新しながらひとりの人間としての変(進)化を遂げる。

しかし年を重ねるとその「余地」を、すでにそれまでの経験が埋めてしまっているのではないか。埋まってしまうと、まずそこを空けて新たなものを入れなければならない。年月を重ねて経験を積み獲得し習得した情報を、新たな情報と入れ替えるということだ。ためらいや抵抗があっても無理はない。だから「もういいよ」ってことか。

これは、2000年の60歳に限ったことではないだろう。人間と経験量の変わらない向き合いだと思う。若い頃は変わることが常態なのは、よくも悪くも「余地」が十分、つまり中身が空っぽだからだ。その空っぽさが「近頃の若いヤツは」と、時にオヤジにこぼさせている。

しかしそれは単なる叱責や嘆息だけではない。若い頃の空っぽだった自分、つまり「入れる情報は入れ、捨てる情報は捨てられる、正しい新陳代謝をしていた自分」への追憶と無縁ではないはずだ。そして「昔はよかった」と独り言(誰かに聞かれませんように)。

ノスタルジーという帰る場所。

「ウイスキーが、お好きでしょ」は「SUNTORY WHISKYの贈りもの」のコピー(1990年)。コピーライターは木村昇さん。

同時に**「ウイスキーが、お好きでしょ」**というフレーズは「♪ウイスキーがお好きでしょ〜」というコマソン(死語)でもあり、曲は、作詞が田口俊さん、作曲が杉真理さん、歌は石川さゆりさん(テレビCM上のクレジットはSAYURI)。

歌は石川さゆりさん

そしてこれらのコピーと曲は、2007年のサントリー角瓶のテレビCMやグラフィック広告に再登場する。2015年の現在も、テレビからは耳慣れたメロディが流れ、街角では「角ハイボールがお好きでしょ。」と女性タレントから誘うように微笑みかけられる。

その広告のクリエイティブディレクターである大島征夫さんにお話を伺った。今回テーマとするのは、角の、二度目の「**ウイスキーが、お好きでしょ**」である。

「『**ウイスキーが、お好きでしょ**』は記憶

サントリー（1990年）C：木村 昇
画像は、2015年のキャンペーン時のもの（CD：大島征夫）

だ」と大島さんは言う。受け手と記憶を共有するのだ。一度目の出会いからは20年近くが経過している。確かに、懐かしい「あの頃の記憶」である。そう考えれば、20歳若かった自分の生きていた「昔はよかった」の思いもかすめる。その思いがある種の劣情であることも、コミュニケーションの滑りをよくしているようだ(広告は「心の穴埋め」だから)。

しかしそこに提案するものが「懐かしさ」だけでは広告は機能しない。なぜならその商品が本質的で、ゆえに普遍的なベネフィットを備えているのだとすれば、過去に価値軸を置く「懐かしさ」は、今売ろうとする商品にはそぐわない。

大島さんは「懐かしさ」を「縦書きのノスタルジー」と言った。その「縦書きのノスタルジー」を優先して、ウイスキーの普遍的なベネフィットを後回しに看過していたら、今日のハイボールブームは起こらなかった。消費者の「記憶」と連帯して、「今ある」価値を提案するのだ。

縦書きのノスタルジー

つまりこういうことだ。「記憶」そのものがメッセージである。「知っている」「経験がある」ことは、広告が本来的に持つ新規の情報ストレスを軽減する。受け手（特に年長者）は目新しい情報を受け入れるために、もともとの経験ストックを整理する必要がない。そこから受け手の「記憶」にそっと手を突っ込んで、お互いが共有するものを確かめ合う。そうすれば彼らは広告に対する警戒を解き、本質的な不変のベネフィットの訴求がより容易になる。

そもそも広告クリエイティブの前提は「送り手と受け手の知覚の共有」だが、まさに「記憶」はその中心にある。どうやら今はしんどい時代らしく、若者たちまで「昔はよかった」と「記憶」を口にする。

ノスタルジー（フランス語、英語ではノスタルジア）という言葉ができた当時は、「故郷に帰れない前線兵士のホームシック」だった。今は「過去の時間や空間を懐かしむ感情」として扱われているが、「三丁目の夕日は泣けるね」

という程度のものではなさそうだ。
「ノスタルジー＝思い出すこと、それは自分が生きてきた記憶」というところから、現状の孤独や所在なさに立ち向かうきっかけと捉まえる研究もある。またノスタルジーへの志向の理由を「未来への不安や進化への不信感などから、不変の事実として自分の中に存在する過去への感情移入」に求めることもできる。ここでもやはりノスタルジーは「現在形」である。とにかく復刻版を出せばいいってわけではない。

それでもやはり、「記憶」をキーワードに商売しなければならないことは、後ろ向きなのかもしれない。「故郷に帰れない前線兵士のホームシック」は、増えているのかもしれない。

でもぼくは、それは人間らしく思えて、嫌じゃない。

（2015年9月号）

ノスタルジーは「現在形」

あの頃は…

大島征夫

山本教授の仰ることは、いつも正鵠を射ている。
「記憶」は、メッセージである。うん、その通りだ。
「記憶」に頼ることでしか広告の仕事に向き合えない私には、
なんと愛にあふれたお言葉であることか。
確かに、山本教授と過ごした「昔はよかった」。
ＩＴが革命と同意義になってしまったこの頃に。
「もういいよ」とつぶやきながら、ウイスキーに浸る自分が
けっこう「嫌い」じゃない。飲もうよ。山本教授。

大島征夫
ｄｏｆ クリエイティブ・ディレクター。１９７３年電通入社、クリエイティブ・ディレクターとして活躍したのち、２００５年にコミュニケーション・デザイン会社ｄｏｆを設立。サントリー「ザ・モルツ」「角ハイボール」「トリスハイボール」「知多」「山崎」「白州」「響」、ＪＲ東日本「行くぜ！東北」「北海道新幹線」などを担当。

大島さんは、初めての男でした。寿司の作法からクライアント愛まで、教えていただきました。ぼくも大島さんの作品のひとつでした（な〜んて）。

18

「愛だろ、愛っ。」

愛と酒の深い関係。

サントリー（1993年）

今回はいつもとは趣向を変えて、真夏の夕方に交わした会話を書き起こしてみたい。話があちこち散らばる雑談ベースなので、少々雑文にはなるが、夏休みということで（書いているのは8月半ば）、お許し願いたい。

話す相手は佐倉康彦さん。長年の友人であり、こと広告に関しては盟友と言ってもよい。彼が1993年に書いた「**愛だろ、愛っ。**」から話は始まった。

「**愛だろ、愛っ。**」は、サントリー ザ・カクテルバーのコピー。永瀬正敏主演によるコミカルなテレビCMが20年を隔てた今も記憶に残っている。佐倉さんはテレビCMの出演者のキャラクターを、そのバイオグラ

佐倉康彦さん

サントリー（1993年）CD：木村昇、安藤隆／CD＋C：佐倉康彦

フィーから考えるという。「おとうさんの職業」「住んでいる場所」「小学校時代の担任の先生」というようなことで、実際のストーリー上には出てはこないが、キャラクターの設定を明快にしてくれる。

「ザ・カクテルバー」のテレビCMで主人公は、「地方から出てきた」ばかりの「都市単身生活者男子」で、「恋愛がしたい」と願い、「カッコよく決めたつもり」が、「うまくいかない」(ああ!)、「自分には愛が足りない」ゆえに「**愛だろ、愛っ。**」ということらしい。多くのバリエーションがあったが、それがデフォルトの設定だったそうだ。

彼は「まあ、その頃、世の中で起こっていたことなんだけどね」と言う。そりゃそうだ。世の中に萌芽もない現象を広告で描いたところで、なんじゃそりゃ?となる。

恋愛したくない時代。

1990年代中盤には、阪神・淡路大震災、地下鉄サリン事件と、日本史に残る大災害と大事件があり、日本経済は「失われた10(20)年」の真っただ中にあったが、ドリカムやミスチルやグローブはLOVEを歌い、テレビドラマの『ロンバケ(ロングバケーション)』は、最高視聴率36・7%を記録した。広瀬香美の『ロマンスの神様』っていうのもあった。あるスキー用品店のテレビCM曲である。カップルはそこで一式揃えて、「私をスキーに連れてって」ってダンドリだ(1987年当時の映画のタイトルである、念のため)。

ちなみに、以前にここで紹介したサントリーNEWオールドの「恋は、遠い日の花火ではない。」は、1994年のコピーである。あの頃、若者も大人も恋愛に夢中だったのだ。

図表　恋人が欲しいですか
（未婚者、かつ現在恋人がいない人）〈単一回答〉【性・年代別】

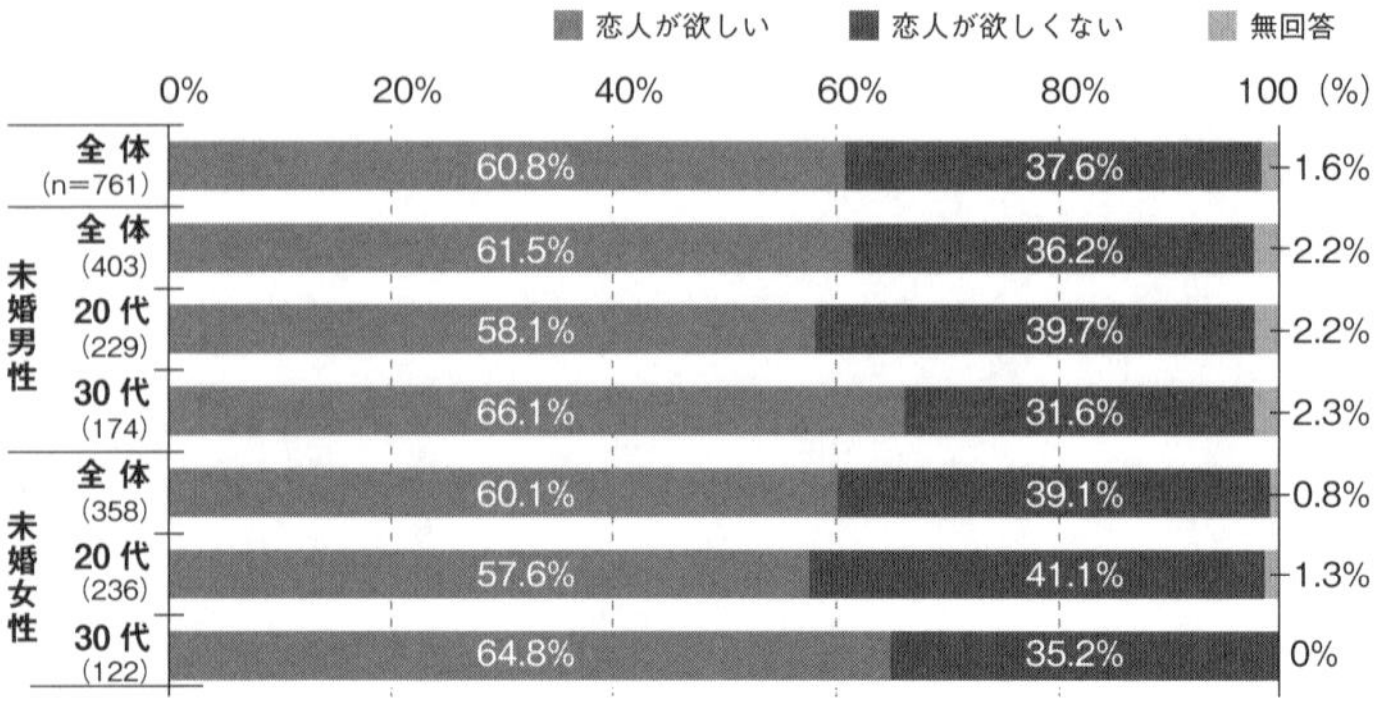

出典：内閣府「平成26年度 結婚・家族形成に関する意識調査」より

内閣府の「平成26年度 結婚・家族形成に関する意識調査」によると、20～39歳の男女２６４３人が回答した調査で、未婚の男女の「恋人が欲しい」は60・8%、「恋人が欲しくない」は37・6%となっている。「欲しくない」のは、「自分の趣味に力を入れたい」「恋愛が面倒」だからだそうだ。彼らは「ロマンスの神様」に祈ることもない。異性の他人に「スキーに連れてって」などと頼むはずもない。もしスキーが趣味ならば自分で行くのだ。

「恋人が欲しくない」37.6%

あの時代の「**愛だろ、愛っ。**」のテレビCMをこの時代の若者に見せたら、間違いなく「恋愛ごときで不可解な行動に出る珍しい男の話」だと思われる（今度ゼミ生に見せてみよう）。何よりも「愛」が違う。昨今「愛」は「恋愛」を必ずしも指さない（それ自体が面倒な時代なのだ）。

今の若い人が「必要なのは愛だと思うよ」と口にすれば、その「愛」は個別のもの（愛して／愛されて）ではなく、もっと一般的で抽象的な「愛」（地元愛、ユニバーサルな愛、とか）であるらしい。

恋愛離れは酒離れ？

佐倉さんとの雑談は酒の話に移る（なにしろ、ザ・カクテルバーは酒である）。

酒類販売（消費）数量は、国税庁「酒のしおり（平成27年3月）」によると、

1996年の966万（単位はkl、以下同）をピークに近年下げ止まってはいるが、それでも860万弱である。

じゃあ、1993年においては問題なかったのね、と言えばなかったわけでもなく、ウイスキーのようなハードリカーは酒類販売（消費）数量が、1989年が23万3000であるのに対して、1993年には18万6000と、数字を下げている。特にウイスキーの急落ぶりはすさまじい（ちなみに2013年の値は、ウイスキーが10万8000、ブランデーはなんと7000）。

そんなハードリカー受難の時代に「洋酒の」サントリーは、若年層のアルコールへの入り口を増やそうとしたというのが、商品の上市の背景にあった。

アルコールに限らずたばこなどの嗜好品の命脈は、エントリー人口の確保にある。ザ・カクテルバーならば、そこで酒のベネフィットを味わってもらって、やがてハードリカーなどの肥沃にして濃い酒の世界へ導くのである。つまりテレビＣＭに描かれていたように、いろいろうまくいかないこともあるけど、酒飲んで、騒ぐか寝るかして、明日には忘れちまおうぜ、しかもこの酒は飲みやすいし、という提案であった。

その提案は、当時の若者に受け入れられて、ザ・カクテルバーは一躍ヒット商品となった。酒は恋愛と重なりやすい。（なけなしの）勇気が出たり、（程度の問題だが）大胆になれたり、失恋したら（少しだけ）癒やされたり、痛みを（一瞬だが）忘れられたり、というようなことだ。昨今の「若者の〜離れ」のひとつ「酒離れ」は、因果関係は確認できていないが、現象的には「恋愛離れ」とも重なるように見える。

恋愛しない→だから（ザ・カクテルバーの登場人物のように）フラれない→だから酒に癒やされる必要もない、ということだ。

政府や自治体が少子化問題に対して、個人の婚活を（つまり恋愛以前の状態から）支援しようとしている時代だ。酒類メーカーも酒離れというゆゆしき事態には、巷の恋愛の促進から取り組むべきかもしれない。

「最近の若い人は、お酒飲まなくても忘れられる方法を知っているのかね？」と佐倉さんは言った。どうかね。あればぼくも知りたいよ。

恋愛の怖さ、危うさ。

やがて話は、言葉に及ぶ。

「『**愛だろ、愛っ。**』は、なんとなくグラフィックの方が映えるよね」と投げかけてみた。彼は同意した。

この書体で、縦書きで、それを2行に組めば「愛」と「愛」が揃い、「っ。」は書き文字を鼓膜に届けようとする意気込みを露わにし、彼は「愛という恥ずかしくも重い言葉を、ふたつ重ねてむしろ軽く、そして唐突に投げ出す」というレトリックを試みたらしく、そしてそんなことを気づいてか気づかないでか、見る人の視線はポスターや雑誌に書かれた言葉に引き止められることになる。

どんな言葉も、広辞苑的な意味だけにはとどまらない。枝葉も末節も尾ひれもざらつく襞《ひだ》もある。例えば、佐倉さんが言うには、件の（恋愛の方の）「愛」という言葉世界のまわりにあるものは、その中心の華麗な印象からは遠く隔たりネガティブだらけだ。愛を得ようとするならば、身悶え・憂鬱・自己嫌悪、愛を保とうとするならば、嫉妬・疑念・束縛、愛を失えば、それこそ失意のどん底と、まるで深く暗い沼のまん中で「愛」とだけ書かれた小さな石の上に立っているようなものだ。

それを了解した上で「**愛だろ、愛っ。**」が書かれる。

そしてその広告を前に、受け手の想像力の火口に針の穴を開ける。思い出し、身悶えし、嘆いたり、昔の誰かを責めたりしてもよい。他人の言葉でも網膜や鼓膜に届いたとたん、もう自分のものなのだ。それが言葉の醍醐味であり、そこから想像力を駆使するのが人の知性である。

佐倉さんは好きな自作のコピーに「大好きというのは、差別かもしれない。」を挙げた。まさしく紙に書かれたコピーである。一見、一聞では何を意味しているのやらわからない。わかるには少々の時間と、少なからぬ知性を要求される。しかしそこに踏みとどまってその真意を知る時には、その言葉に足首までどっぷりと浸かっている。

「テレビじゃ、ムリだよね」が、どちらの口からともなく出てくる。で、「なぜテレビじゃムリなのか」から、話はおのずとテレビCMのことに移っていく。その存在を否定しているのではない。

ぼくらはただ、言葉の話をしていた。

問い）なぜテレビではムリなのか？

（なんと、後編に続く）

（2015年10月号）

19

「大好きというのは、差別かもしれない。」

立ち止まらせる言葉。

'ＹＳＡＣＣＳ（１９９４年）

「愛だろ、愛っ。」は、実にグラフィック広告的なコピーではないかというところから、
↓そのサントリー ザ・カクテルバーの広告を「読み」ながら
↓他人の言葉でも自分に届いたとたん、もう自分のものなのだ
↓そこから想像力の羽を伸ばすことが、言ってみれば人の知性であり
↓それが言葉の醍醐味であり、という経路を辿り、
「**大好きというのは、差別かもしれない。**」（１９９４年）という佐倉康彦さんが自作のコピーの中でいちばん好きかもしれないという、'ＹＳＡＣＣＳ（イザック）のコピーに到達した。

自作のコピーの中でいちばん好き

Y'SACCS（1994年） C：佐倉康彦

そして、このコピーは「テレビ（CM）じゃ、（その価値をわかってもらうのは）ムリだよね」というやりとりまでが、前回の展開である。今回も、佐倉さんとの会話の中で拾ったものを書いてみる。

次の問いで前回を締めた（実際には締まっていないから書いているのだが）。

問い）なぜテレビではムリなのか？
答え）テレビの言葉は、「立ち止まれない言葉」だから。

この説明を要する答えを説明する前に、少し遠回りをする。
言葉の誤用について書く。
例えば「うがった見方」というよく耳にする言葉は、実は大抵の場合誤用されている。「そういううがった見方はイカンよ」とかの「うがった見方＝

「立ち止まれない言葉」

疑ってかかる見方」は誤り。正しくは「物事の本質を捉えた見方」で、「そういうがった見方はイイね」というのが正しい用法。

ところが前者の意味で日々使っている人が48・2％、正しい意味を知っている人が26・4％（文化庁「平成23年度 国語に関する世論調査」）。つまり誰かの発言に対して、「それはうがった見方だね」と正しく発言した人がいたら、48・2％の人から（あの人、何わけわかんないこと言ってんだろ？）と怪訝な顔をされる。

言葉を誤用する多数派は無邪気に大手を振るが、言葉を正しく用い、にもかかわらず誤解される側は不当な反応に萎縮する。彼らがとれる策はひとつしかない。その言葉を使わないようにすることだ。「うがった見方」のような含蓄のある立派な日本語も、遅かれ早かれ潰える方向にある。

15秒だけのお付き合い。

唐突に話を広告に戻す。

ぼくがコピーライターになってからの約30年間でもっとも大きな変化のひとつは、グラフィック広告からテレビCMなどの映像広告への重心の移動だと考えている。コピーの文脈で考えれば「書く（送り手）→読む（受け手）」というものから、「話す→見る・聞く」への変更である。そこから「テレビではムリ」の理由を導き出す。

以下は佐倉さんとの会話をぼくなりに咀嚼したものだ。

あたりまえの話から始める。

テレビの15秒CMから前後のノンモン（無音声部分）を除けば14秒。企業のサウンドロゴが1秒あるとしてさらに引けば、残りは13秒。その13秒には

送り手に与えられた15秒

企業名も商品名も込みである。ちなみに、先に書いた「企業のサウンドロゴが」から「込みである」までを早口にならないように読んでみて、10秒を過ぎる。そこに「A社からB誕生」などと付け加えれば、そのCMの秒数は尽きる。

テレビCMには、キャッチフレーズも付与されていることは多いが、その画面上への出現は2〜3秒のことに過ぎない。もちろん秒数が多ければいいというものではないが、送り手に与えられたのが15秒であることはともかく（その秒数で「何とかする」ために、キャッチフレーズやナレーションや編集には知恵を尽くしているのです）、受け手がテレビCMの情報を認識・理解するために与えられた時間も、やはり15秒であることはさらにコミュニケーションの難度をとても上げる。

仮に受け手（見ている）側に理解してあげようという意思があったとしても、「初めて見てから15秒間」では十分に理解できるとは到底思えない。ようやく理解のとば口にまでは達しても、ノンモン後には次のCMの映像や音楽やナレーションに意識は持っていかれる。

そもそもテレビCMを理解することなど、受け手（消費者）にとっては本来する必要のない努力であり、当然のように大半の受け手は、そんな努力なんてしない。しかし送り手の言葉（広告メッセージ）の成否（受け手に理解させ、自分の望む方向に動かせるかどうか）を決定するのは、どんな時も受け手である。

特に広告の場合は、成否の「否」という結論は数字ならゼロである。買わない、ということだから。それを怖れるあまりに、広告の選ぶ方法は「受け手に理解してもらえる質と量しか、メッセージ（例えばコピー）を送らない」ということにもなる。

その意味では、「うがった見方」のような言葉は避けるべきだし、15秒間という時間は妥当なのかもしれない。受け手にしてみると、「言いたいことが

受け手に理解してもらえる質と量

あるんだったら、平易な言葉で15秒以内にしてくれ（聞いてあげるかもしれないから）」ということだからだ。

言葉を「読む」か、「見る」か。

どちらが卵かニワトリかは知らぬが、「立ち止まれない言葉」は「立ち止まらない受け手」と連帯し、「立ち止まらない受け手」は「立ち止まれない言葉」を承認した。それがテレビCMの言葉である。もちろんテレビCMにだけ、限定的にそんな現象が起こるわけがない。新聞広告のボディコピーは「負担をかけず受け手に理解してもらえるように」量を減らした。

書き添えると、ぼくはそれを広告における劣化や退化とだけ考えているわけではない。広告とはもともとそういうものだ。そういう「受け手がすべてを決める」ルールだ。消費者は理解もしないで買うわけがない。ならば彼らの理解の範囲を絞るというのが、コミュニケーションというものだ。
売れる広告が正しいのだ。ぼくを含め、特にテレビCMを制作する者にとって、(積極的な)諦観はクリエイティビティの一部である。

しかし、こと言葉に関わる問題と考えれば、表情はにわかにこわばる。言葉が理解を促すのではなく、言葉が理解の質と量に従っているのだ。
かつて(そうだよ、昔はよかったよ)、言葉には行間があった。一つひとつの言葉の間には隙間があった。前回、「どんな言葉も、広辞苑的な意味だけにはとどまらない。枝葉も末節も尾ひれもざらつく襞《ひだ》もある」ということを書いた。言葉はそこまで「読む」ことを要求した。そのかわりに、その行間や隙間や枝葉が、受け手に想像力というチャンスをくれた。

消極的に否定している

言葉は怖いね。

ようやく、「**大好きというのは、差別かもしれない。**」にたどり着いた。

ここに書かれた「差別」という言葉を広告的に、「差別化」と考えればなんのことはない。誰でも競合商品の中から最適なものを取捨選択し、買う。商品からしてみると「差別化を図る」ということだ。マーケティングの基礎講座である。

しかしその「差別」を字義通り読めば、急に心はざわつく。ある人やあることを好きになることは、ある人やあることと以外の存在に対して一線を引くことだ。消極的に否定していると言ってもよい。嫌悪が生み出すいわゆる「差別」を論じることはむしろ容易だが、好き♡が実は「差別」を表明していることは、無邪気ゆえの残酷さともとれる。

ぼくはバッグの広告のコピーで、不意に我が心の内を見ることを強いられた気がした。心の闇、などと言わなくても、心はもともと闇なのだ。その言葉が網膜に届き、脳に伝わり、そこからどこにあるやらわからんが、心と呼ばれるものにしみ込んでいく。これが、ぼくが「立ち止まる言葉」と称しているものだ。このコピーで、バッグが売れたのかどうかは知らない。ただぼくはこの広告の前で、立ち止まる。

言葉は自らに責任を持ち、受け手は言葉を受けることを楽しみ、ゆえに送り手と受け手の間には信頼が生じた。言葉が理解に従属することは、受け手に対する寛容さではなく、残念ながら責任を放棄した怠慢でしかないと思う。テレビCMの言葉に限らずとも、もうこの社会では「ムリ」なのかもしれない。でもやらなきゃいけないのかもしれない。もしそれが叶えられれば、仮に15秒は一生にでもなる。

先に日本語の誤用に関することを唐突にはさんだ。メディア構造に最適な言葉の選択と日本語の瓦解を、同列に論じることはできない。しかし「受け手の知性に信を置くこと／もしくは置かないこと」という本質においては、大差はない。

そして到達した結論は、「ぼくらはもっと、言葉を大切にしなければいけません」という小学生の標語。

（2015年11月号）

骨を折る。身を切る。
それは、心を砕くことだった。

佐倉康彦

山本高史は、誰かのために骨を折ることを惜しまない。
身を切ることすら、微塵もいとわない男だ。
だから、四六時中、傷だらけの男なのである。
もう襤褸雑巾のように、じつは身も心も全身、手負いの状態なのだ。

そんな、いまどき天然記念物級に珍しい昭和残侠伝のような漢から
「お前のつくった仕事の、お前の書いた言葉の、
その周縁について話をしたいのだが、どーだろーか?」という連絡があった。
背筋に冷たいものが走った。が、それ以上に、この漢に
わたしの仕事をいぢってもらう好奇のほうが先に立った。

コワイもの見たさとでもいうか、そんな感覚に近かったように記憶している。

夏の日の午後。

世間はお盆休みだという日よりに、人も疎らな閑散とした

銀座電通通りを遣り過ごし、山本が主宰する会社へと出向いた。

すでにミーティングテーブルには、

丸氷のあしらわれたバカラが用意されている。

酒精の力をもってすれば、こいつの滑舌のわるい砂袋のように、

重たい口も滑らかに回るだろうという心遣いなのかどうなのかは、

計り知ることはできなかった。

ま、とりあえず、今回、俎上に載せられるわたしの仕事が、

アルコールのコミュニケーションということもあってのことかもしれないと

自分に言い聞かせながら、日の高いうちから杯を重ねる腹を括った。

話は多岐にわたった。わたしたちの生業のことはもとより、それに紐付く社会生活を営む個体間で行われる感情、思考の伝達の方法論、さらには身振りや声色、匂いによる情報の伝播の仕方など、生きることに纏わる、ややこしくも健気な事象について、あちこち道草しながら喋った。


後日、そのときの会話がゲラになって送られてきた。

一読して、腰が抜けた。

あの時の会話をアナライズした文章は、理が尽くされており、書いた当時のワカゾーだった自分の思考、その道程をチェイスしているようであった。

効率と非効率、二律背反するそれを併せ持つ山本の筆致に瞠目した。

さらに、文末を見て、顎が外れた。なんと、後編に続くとある。

わたしとの酔話を、2カ月にまたいで掲載するという。
まったくもって骨を折ることを惜しまない男だ。
久しく会っていないが、邂逅した折りには、
できればギプスも包帯もしていないでね♡

(つづく…ウソです)

佐倉康彦
ナカハタ クリエイティブディレクター。近作に、資生堂「マキアージュ」シリーズや星野源と二階堂ふみを起用した16分間の長尺CM「スノービューティー」など。他に佐藤健、長澤まさみ、笑福亭鶴瓶などによる、ゆうちょ銀行・企業テレビCM、味の素・企業テレビCMなどがある。

佐倉さんには、サムライと少女が宿っている。両者とも、その気になれば人を斬れる。自慢の友人です。

20

「想像力と数百円」

想像上の現実。

新潮社（１９８４年）

「**想像力と数百円**」（１９８４年）。

この糸井重里さんの有名なコピーは、２０１４年に創刊１００年を迎えた文庫レーベル「新潮文庫」のショルダーコピーだ。

マス広告として世に出た時には「自慢ではありませんが井上君もダザイでした。」（１９８４年）、「インテリげんちゃんの、夏やすみ。」（１９８５年）などのキャッチフレーズに主役を譲り、ロゴの上におさまっている。にもかかわらず、『日本のコピー　ベスト５００』では「井上君」も「げんちゃん」も差し置いての、堂々の2位入賞だ。

言わずもがなのことであるが、このコピーの妙は「想像力」と「数百円」と

インテリげんちゃん

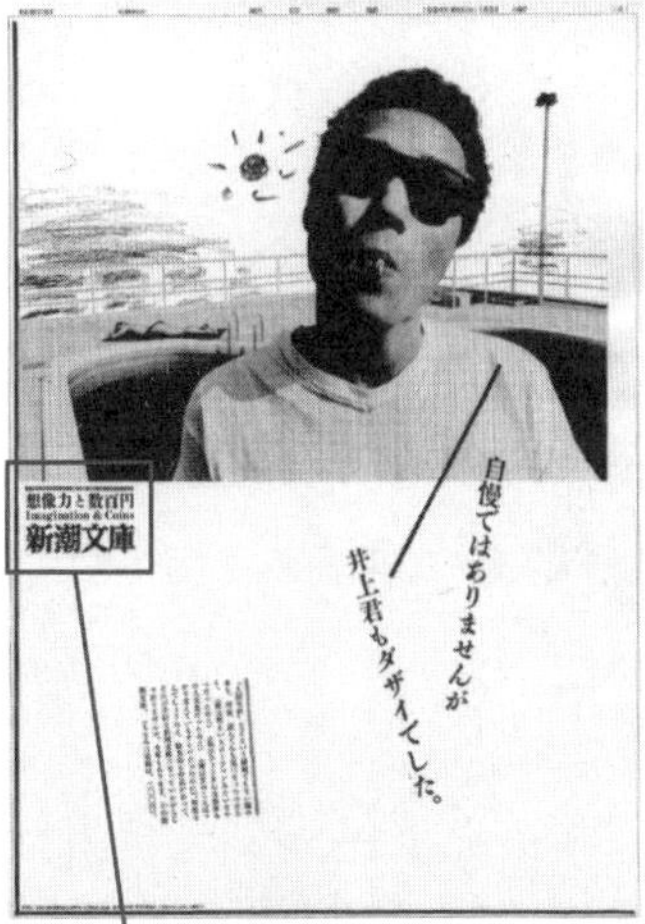

想像力と数百円
Imagination & Coins
新潮文庫

新潮社（1984年）CD＋C：糸井重里

いうふたつの言葉の組み合わせにあるが、世に出た当時に受けとめた記憶では、「数百円」に重心があった。文学という重くてエラそうなものを、数百円の売り場に引きずり下ろすような快感である。「軽薄短小」の時代だった。「想像力」には、特に気をとめなかったように思う。

考えが足りなかった。想像力こそが文学の本質である。

非文学の時代の、文学。

最近、久々に文学について考えることがあった（文学には小説、随筆、詩に俳句と幅あれどその折の主題は小説だったが、本稿でも同様に考える）。仕事としてではあるが、仕事であろうがなかろうが、文学である。

欲望、不安、策謀、悔恨などはともかく、落魄、憤怒、邂逅、疾風怒濤云々と、ＰＣでもなければ正しく書けるか自信のないような漢字までが我が魂に到来するのだ。普段およそ文学的ではない日々を過ごす（酒量だけは文学的だが）小さき魂も、文学を想えば不意に人生の深さ、重さ、不可解さに思いは至る。

広告の仕事で文学と関わるのは二度目のことだ。かつて会社に入ってまだ年月の浅い頃、先輩の下について『昭和文学全集』の広告を担当したことがある。

メインのキャンペーンはすでに展開済みだったので（コピーは「渇いた胸に、言葉がしみる。」。コピーライターは山田和彦さん）、それとは別に、若者向けのシリーズ広告を小学館の自社媒体（主にコミック誌）に展開するという、いかにもマスメディアの幸福な時代を語るような仕事を与えてもらった。

24歳の若者（ぼく）が、若者向けに文学の広告をつくるのだ。若者なりに若い人生を精一杯考えた。１９８６年の日本社会は、まさしくバブルへと向かう、陽のあたる上り坂の途中であった。ディスコのお立ち台ではボディコンが腰をくねらせ、トレンディドラマの先駆けと言われる『男女７人夏物語』がオンエアされ、共演した明石家さんまと大竹しのぶはその後、結婚する。

入社2年目のぼくは、ＤＣブランドの服を着て、西麻布の仄暗いバーで背伸びをして高いカクテルを飲み、当時会社にふんだんにあったタクシー券を浪費し、若い恋愛にいそしんでいた。そんなことをしている間に東京圏の商業地の公示地価は、１９８６年から１９８７年の1年間で実に48・２％上昇していた（国土交通省「公示価格年別対前年平均変動率」より）。

本を読むことはしばしば没入することであり、時には現実逃避にも似ている。そう考えれば当時は文学とは相反する時代だった。マネーゲームは人の顔色を変え、地上げは街の顔つきを変えた。ある意味ノンフィクションはフィクションよりも面白く、そのような面白さを求めるのならば文学の中に逃避する必要もない。

他人事のような書き方をしているが、ぼくも同じ時代の空気を吸い、同じ時代の水を飲んでいた（「その場／その時」に、「時代／社会／人間」を共有していた）のだ。自分だけ時代の傾きから無垢なわけがない。

しかし同じ時代の因子を持っていたがゆえに、違和感はむしろ明快だった。違和感を不安と言ってもよい。社会や人生への本格的な入場を許されたばかりの若い白帯には、急激な変化が世の中にとってどのくらい許容されるものかを知り得なかった（たぶん黒帯の人々でも同じことだったのだろう）。バランスを欠くほどの享楽的な現実生活への強い傾斜は、自らの内面の自律性も損ないかねないかという危惧もあった。

世の中がどうであれ、自分の心は自分で動かさなければならない。ぼくは原稿用紙の真ん中に、あえて大きく「ああ 幸せが 情ない。」と書いた。当時の生活の経過や結果に表面的に幸せそうな自分を、文学というフィルターを通して眺めると、きっとそう見えたんだろう(このコピーでTCCの新人賞をいただいた)。

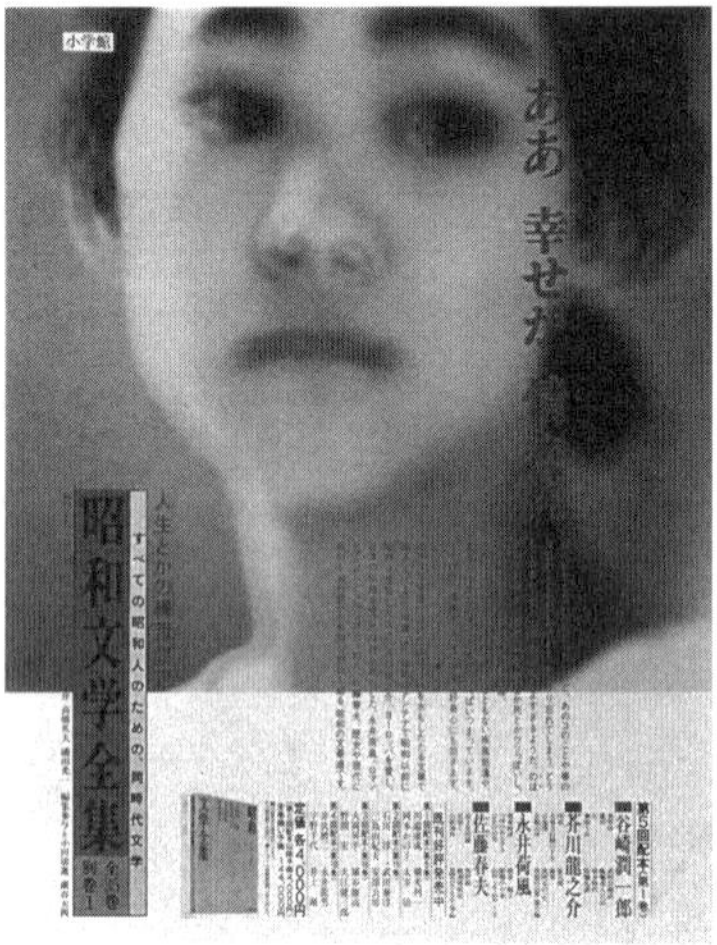

小学館(1988年) C:山本高史

出版社にとっても幸いなことに、まだ文学は衰えていなかった。書籍の売上高はピークの1996年に向かって上昇基調を保ち、翌年の9月、上下巻、単行本と文庫本で1000万部を超えるベストセラーとなる『ノルウェイの森』が出版される。

想像上の生きもの。

犬をモチーフにした小説を書いたことがある。3年ほど前のことだ。小さな文学賞をいただいて、ぼくもついに作家生活かと胸を躍らせたが、呆気ないほどに売れなかった。それを書いている折に気がついたことが、我がことながら興味深かった。「飼い犬は空想の動物である」ということだ。

老い衰えて死に向かう飼い犬に関して、おとうさんが主人公の女の子に「リトル(犬の名前)は家族に迷惑をかけて上手にさよならしようとしている。面倒だなあと思わせたら、自分がいなくなった時、少しだけ負担が減って、みんなほんの少しホッとして、ほんの少しでも哀しみが減るんじゃないかと考えたんじゃないか」というようなことを語る一節がある。書いた本人も涙ぐむ泣かせどころである。

しかしもちろん、リトルはおとうさんの考えているようなことを考えているわけがない。犬はただ生きて、やがて死を迎えるのだ。これは小説の出来事だが、ノンフィクションの人間も似たようなことをやっている。

例えば飼い主は人間のロジックと感情を人間の言葉にして犬に当てはめ、犬の感情を代弁し、それに何の疑いも持とうとしない（「このコが私のベッドまで慰めに来てくれたんですよ、ママだいじょうぶ？って」）。そこでは、飼い主の思い込みが飼い犬像を構築し、その虚構は現実であるかのように転換されている。

さらに思う、それは人間相手でも同じではないかと。

思い込みが人物像を構築し、その虚構は現実であるかのように転換されている。親も兄弟も親友も恋人も同じことではないか、あえて言えば空想の存在ではないかと。もちろん犬は言語情報をくれないので、どこまで行っても妄想頼みの虚構とならざるを得ないが、人間同士がやりとりする言語情報も、実はそう多くはない。

例えば父親と子どもを考えてみると、どれだけ共有した時間が長くても、受け取るものは父親が子どもに伝えるに適当な質と量の情報だ。そこからは父の誰かに向けた恨みも、己の半生から紡ぎ出された屈折した人生観も、同僚や異性や子どもが知らない誰かへの劣情も伝えられないとするならば、父親という人物の全体像を把握することなどできない。たかだか人の断片だ。

「心の闇」とはよく言われるが、そもそも心が闇なのだ。人間は実は、質量共に乏しい情報から、自分以外の人物や社会や世界を、想像力豊かに全体化して把握しようとし、しかしあくまでも推測に過ぎないものを確かにそうだと疑うことなく、信じ込んでいるのではないか(もしくは、信じ込もうとしているのではないか)。

ぼくはその関係の脆弱さを嘆くのではない。むしろ逆だ。想像しなければ、目に見えるものしか見えないのだ。見えないものを見ようと、想像力は身悶えるのだ。人間にそれほどまでの想像力があらかじめ備わっていることに(そしてそんなことを意識化することもなく生きていることに)、畏敬の念にも似た驚きを覚える。人間は、よくよく知的にできている。

人間は想像する動物だ。想像で生きている動物だ。「数百円」で、その本質は刺激される。世の不条理も、魂の気高さも、男の弱さも、女の嘘も、行ったこともない街も、過ぎ去った栄光も、抱いたこともない種類の欲望も、抱いたことのない種類の恐怖も、恥ずかしげもなく、文学は告白している。

そこに心の闇はない。心の奥まですっぽんぽんだ。そこがまた想像力の起点となる。ただ読めばよい。「想像力」は数百円で、嫌でも勝手に動き出す。

すっぽんぽんだ

（2015年12月号）

21

「嘆き」
現実はときどき想像を上回る。

三井海上火災保険（１９９７年）

１９９５年１月17日、兵庫県を中心とする関西地方を、その地方の人にしてみれば「思ってもみなかった」震度７の大地震が襲った。後に、阪神・淡路大震災と名付けられるものである。

その日はテレビＣＭのロケで、アリゾナ州のツーソンという街に滞在していた。ＣＮＮは地震発生の報道を繰り返していたが、つい数日前に来たばかりの日本人からしてみれば、その情報は甚だ具体性も正確性も欠いていた。当時の通信手段では、報道機関ですら正確な情報を短時間で入手することは難しかったのだろう。

テレビ画面の日本地図上の地震エリアを示す大きな●印は、京阪神エリア

倒壊した阪神高速、燃えさかる長田の街

を丸々塗りつぶしていた。ぼくはホテルの部屋から京都の実家に電話をかけ続けたが、あたりまえのようにつながることはなかった。

東京に戻ったのは数日後のこと。それから連日ニュースやワイドショーが映し出す、倒壊した阪神高速、燃えさかる長田の街、崩れた阪急伊丹駅と高架上に傾いたまま取り残された電車、そして被災してテントや学校の体育館に身を寄せる人々の辛い姿を目の当たりにすることになる。

幸い実家に被害はなかったが、そのことを「幸い」と口にすることがはばかられる空気だった。もちろん東京でも、神戸や近辺の惨状に心穏やかであるはずはなかったが、多くの人にとってはテレビの中の遠い出来事だったのかもしれない。しかし他人事なのは、ここまでだった。

次は東京を「思ってもみなかった」無差別テロが襲う。同年3月20日に発生した地下鉄サリン事件である。

ぼくはその事件に、ほとんどリアルタイムで遭遇した。当時勤務していたオフィスの最寄駅が、死者を出した現場のひとつ営団地下鉄（現 東京メトロ）築地駅で、その日比谷線は毎日ぼくが利用する路線だったからだ。新大橋通りは封鎖され、空には報道機関のヘリが重なるように飛び交い、あちこちでサイレンが鳴り響いていた。

マスコミは複雑な思いで取材に励んだことだろう。毎日がスクープだ。おかげでぼくらはテレビをつけるだけで、日常的に非常を目撃し続けることになる。目撃は人々の記憶となり、やがて脳に蓄積される。ぼくはあの「地震とサリンの年」に、日本人の気持ちの潮目が変わったのだと思っている。


保険とは、考えれば実に不思議な商品像を持っている。消費者が商品やサービスから最大の恩恵を受けるのは、それらが最高のパフォーマンスを発

使わなければ幸い

揮する時である。掃除機ならそれが最高の吸引力を発揮した時。育毛剤ならそれがかつてない発毛を実現した時。

しかし、保険はそうではない。保険が最高のパフォーマンスを発揮するのは、その顧客が多かれ少なかれ悪い状況にある時である。クルマをぶつけた。病気を患った。高価な品を破損した。家が火事になった。自分が死ぬことまで想定内だ。つまり顧客の悪い状況において最悪だけは免れるための存在、と考えることもできる。

だからこそ昔は、「使わなければ幸い」などと、役に立たないこと、掛け金が無駄になることこそ願われた。ただし、その「潮目」までは。

受け手と送り手の「共有」。

三井海上火災保険のテレビCMは、1997年の1月にオンエアされた。

60秒の全体がひとつながりのコピーとなっている。CM自体につけられたタイトルは『**嘆き**』。制作は1996年末、つまり「地震とサリンの年」の翌年である。コピーライター／CMプランナー／ディレクターは山本高史。ぼくです。

広告制作者、例えばコピーライターは、パッと変わる「時代」、短くない時間をかけて大きくうねりながら変化を示す「社会」、根源的で変わりにくい「人間」という3つのバックグラウンドの情報（もちろんそれらは分類されることなくないまぜになっているが）を頭の中（脳）にデータベースとしてインプット（収納・蓄積）して（土屋耕一さんの言葉を借りれば「自分のすごしている時間全体がこやしになっている」）、商品やサービスという課題に臨む。そして、コピーというアウトプットを世に問うのだ。

その受け手である消費者もやはり同様の「時代／社会／人間」が（意識する

「地震とサリンの年」の翌年

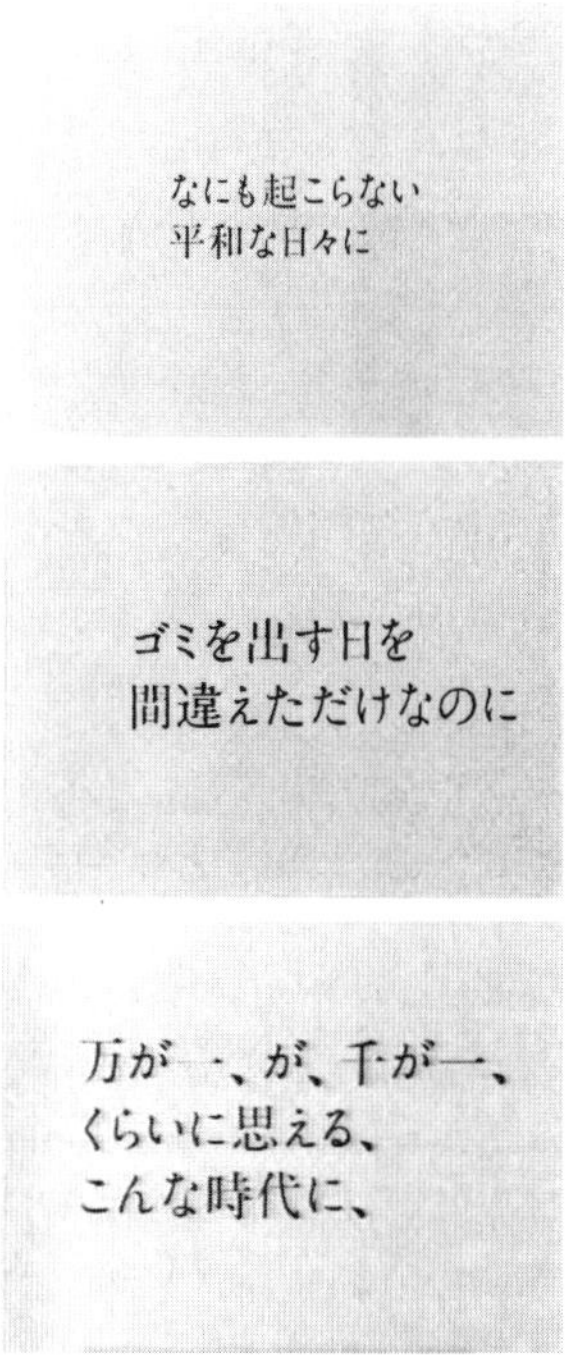
なにも起こらない
平和な日々に
ゴミを出す日を
間違えただけなのに
万が一、が、千が一、
くらいに思える、
こんな時代に、

三井海上火災保険（1997年）CD：狩野光一／C：山本高史

／しないにかかわらず）頭の中に蓄積されている。送り手の提案するもののデータベースとなる「時代／社会／人間」は、受け手のそれとの合意・共有が広く深く大きければ、送り手のメッセージは伝わりやすい。逆に両者が乖離していては、広告どころかコミュニケーションとして成立することすら覚束ない。

つまり、送り手のメッセージが受け入れられるかどうかは、受け手との「その場・その時」に関する合意・共有が前提となる。コピーライターからしてみると、その前提を拠り所に広告メッセージを策定するのだ。おそらくその合意・共有こそが、広告コミュニケーションの最大の難所ではないかと、ぼくは考える。

ところがその点において、この三井海上火災保険の作業では、さほど難儀することがなかった。合意・共有は容易だった。「その場／その時」に共有す

「不安」だ

るべきものが大きくひとつだったからだ。
「不安」だ。

（のんきな）神話の崩壊。

1995年は、日本人が拠り所としていた神話を、叩き壊してしまったようだ。「安全」という神話である。

いわゆる平時ならば、例えば家からいつもの駅までの道筋を意識上に上らせることはない。家の前の道を右へ進み、郵便局の角を左へ曲がり、200mほど歩いて大通りの交差点を渡ると、駅が見えてくる、なんてことを確認しながら生きているわけがない。

ところが大都市は数分で崩れ落ちたのだ。人間が地下鉄の座席やホームであっけなく生命を失ったのだ。いつもの郵便局は更地になっているかもしれず、いつもの駅は倒壊しているかもしれず、隣の同僚はもう出勤して来ないかもしれない。極論を言うと、1の次は2とは限らず、今日の次は明日だという確信も持ちにくい。現実の「非常」を眼前にしては、「安全」や「平隠」などという無邪気な思い込みはひとたまりもない。

ぼくも、やはりその「無邪気な思い込み」のひとりだった。神話を疑うことなく、平穏があたりまえであると思い込んで生きていた。ところが、一夜で社会を変えてしまうような事象は社会を「不安」で覆い尽くし、ぼくに右足の次に左足を出すことすら躊躇させた。それは、三井海上火災保険の広告の受け手も同じだったはずだ。

「不安」というテーマにおいて、受け手と送り手は「時代／社会／人間」を精度高く共有していた。ぼくはこの文字だけのテレビCMの中で「なぜ、私？」

無邪気な思い込み

「よりによって」「一本遅い電車に乗っただけなのに」「私、なんか悪いこと、しました?」と綴っている。

それらの言葉は、熟考の果てにひねり出されたものではない。もしかしたらコピーライターの仕事ですらない。「地震とサリンの年」のぼくの頭の中から「不安」があぶり出した言葉を、ただA4の紙の上にトレースしたに過ぎない。

未来は暗い?

2013年に厚生労働省が発表した「若者の意識に関する調査」の「日本の未来は明るいか」という設問に対して、「そう思う=2・7%」「どちらかといえば、そう思う=16・5%」「どちらともいえない=35・7%」「どちらかといえば、そう思わない=32・5%」「そうは思わない=12・6%」という結果が出た。

図表　日本の未来は明るいか

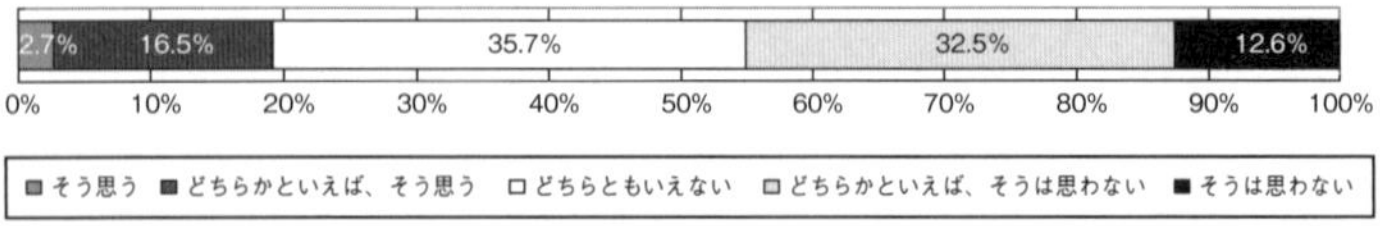

出典：厚生労働省「若者の意識に関する調査」（平成25年）より　調査対象：15〜39歳男女3133人

45・1%の日本の若年層が「未来は明るくない」と考えている。違う読み方をすれば「未来は明るい」と思っているのは19・2%に過ぎない。

また、内閣府が行っている2014年の「高齢者（60歳以上、n＝3893）の日常生活に関する意識調査」では、「将来の日常生活への不安」という設問に対して、「特に不安を感じない＝3・9%」という低い数字となるに至った。

「地震とサリンの年」から20年になる。しかし、老いも若きも未だ「不安」をぬぐい去ることはできず、むしろその状況をその後の数えきれない「見たことがなかった」「思ってもみなかった」事象が増幅させた。そしてついに、東日本大震災が確定させたのだと実感する。今や「不安」は我々の人

未来は明るくない

生観の主要な構成要素である。
１９９７年には、「万が一、が、千が一、くらいに思える」と書いた。今「百が一に思える」とは考え過ぎか。

（2014年1月号）

22

「あなたが気づけばマナーは変わる。」

お客さまに注文があります。

日本たばこ産業（２００４年）

少し前に「ウイスキーが、お好きでしょ」をテーマにして、「『昔はよかった』は、大人たちにとって捨てきれないノスタルジーのようなものである」というようなことを書いた。

そんなもん持てど詮無い感傷かもしれないが、この連載でかつての広告の「時代／社会／人間」を読み込み、思いを遠くに馳せながら現在の「時代／社会／人間」と一本の線を結んでみれば、人間のありようは右肩下がりに見えることもある。

広告は「その人／その場／その時」に従うもので、たとえ衆愚の憂いあろうともお客さまは神様で、売れているものが正しい、と考えるのが広告のとる

社会の変化はしばしば劣化

べき態度であると肝に銘じているはずが、社会の変化はしばしば劣化と映る。

加えて、過去を美化しがちなのは、人間の自然な感情でもある。そんな「昔はよかった」の思いにも、一理以上のものがあると考えてもいいじゃないか。未来よりも過去が長い身としては、そんな感情がふと脳裏をよぎることもある。

しかし、しかしだ。やっぱりその「昔はよかった」は、劣情に他ならないということは忘れてはならない。「キレる高齢者」の報道が相次いでいる。

「たばこの吸いがらを路上に捨てて児童（6歳）に注意され、逆上して児童の首を絞めた75歳」

「ベビーカーが邪魔だと乳児を殴った64歳」

「平成27年版 犯罪白書のあらまし」によれば、一般刑法犯の検挙人数のうち65歳以上の占める割合は、過去最高の18・8％に上った。進行する高齢化社会にあっては、「困った人たちだね」では済まない問題だ。

その原因を老齢化による脳の劣化に求める論調もあるが、ぼくは彼らの変化への不適応を感じる。同時代化を意識してか無意識にか、拒絶しているのだ（自分にも身に覚えがあるけど）。つまり時代や社会の変化についていけない者たちの劣情だ。その劣情を自ら戒めなければならないとすれば、それは古い常識・風習・感情・論理を無反省に克服しないことである。

時代は移る。

ダウン・タウン・ブギウギ・バンドの『知らず知らずのうちに』（1973）の歌詞に、「知らず知らずのうちに 君の名前おぼえて 知らず知らずのうちに町を歩いていた 知らず知らず知らずのうちに 君の家をみつけて 知らず知らず知らずのう

知らず知らずのうちに 君の名前おぼえて

ちに電話帳をひらいた」(詞 宇崎竜童)というものがある。

その昔、NTTがまだ日本電信電話公社という組織であった頃、電話帳というものが各家庭に普通にあって、電話番号とその加入者の名前と住所が普通に載っていて、だからこそ「彼」は、「彼女」の住所から電話番号を探ろうとしたのである。

ケータイなどという便利な道具はなく、電話をかけるならば家の黒い電話か公衆電話。相手がひとり暮らしでもなければ、下手すると電話に出るのはその親父で、「ウチの娘とどういう関係か」と不機嫌に問われる。

名前から家を見つけて電話番号を調べ上げるような輩である。父親は問いつめて当然である。まさしく「個人情報」という観点からしてみれば、ストーカーの疑いもなきにしもあらずだが、そんな言葉も概念すらもなかった「あの頃」は、「彼」の思いは純な恋心と共感された。

あげつらう気など毛頭ない（この歌、大好きなんです）。それどころか異性を想う、切なく、また抑えきれない感情と行動は、この年齢になっても痛いほどわかる。この連載で繰り返し述べている「時代／社会／人間」を考えれば、その感情と行動は「人間」という動物のオスの変わらない本質だと思う。

しかし「時代／社会」は、あまりに変わった。ケータイの出現は、電話を世帯という枠を通過せず、個人と個人をつなぐコミュニケーションへと変質させ、あまりに高度なデジタル情報の中で個人を守るという名目で、各家庭に配布されていた電話帳や企業の社員住所録という旧来の情報は駆逐された。

昔の世の中は、それはそれでよかったなと、知らず知らずのうちに思いを馳せかねない反面、この広告を語る場所では、ぼくは異なる態度をとる。変化を、それがよかろうが悪かろうが客観的に見極め、現状の方に寄り添うのが、広告的態度だからだ（自分の思想信条はそれとは遠く別にあったとし

現状の方に寄り添うのが広告的態度

ても)。

まだたばこ、吸ってます?

「あなたが気づけばマナーは変わる。」(2004年〜)は、JTの「マナー広告」と位置づけられるものである。

コピーライターは岡本欣也さん。今回、取材にご協力をいただいた。

日本の喫煙者は減少し続けている。「全国たばこ喫煙者率調査」によると、1965年に男性82・3%、女性15・7%だった喫煙率が、2000年にはそれぞれ53・5%、13・7%、直近2014年には30・3%、9・8%へと大きく右肩下がりのグラフを描いている。

ハンフリー・ボガート（1899〜1957）の古い写真には、たばこがつきものである。『太陽にほえろ！』（1972〜1986）で、石原裕次郎演じる七曲署捜査第一係長は、ジーパン刑事こと松田優作の咥えるたばこに高そうなライターで火をつけていた。たばこはスタイルの一部となって馴染んで、時にはダンディズムを語るツールでもあった。

ダンディを気取らずとも、喫煙者は居場所に困らなかった。国鉄の普通電車のボックスシートの窓の下には、あたりまえのように灰皿がついていた。飛行機のシートでも吸えた。映画館の上映中でも吸えた。エレベーターの中に灰皿があることも珍しくなかった。愛煙家にとっては夢のような話で、嫌煙家にとっては悪夢のような話である。

たばこにとっての「昔はよかった」である。その後たばこは、先述のような右肩下がりの数字を辿ることになるのだが、それにはいくつかの契機があった。

映画館の上映中でも吸えた

２００２年７月に成立した「健康増進法」では、高齢者の健康やメタボリックシンドロームなどの問題と共に「受動喫煙」が重要なテーマとして取り上げられ、多数の利用者のいる施設の管理者に対して、受動喫煙を防止する必要な措置が求められた。

さらに２００５年２月に発効した「たばこの規制に関する世界保健機関（ＷＨＯ）枠組条約」は、締結国にさまざまな（たばこにアゲインストな）ガイドラインを示し、日本国内でも受動喫煙への意識は高まり、またコミュニケーションや販売にも大きく影響を与えた。具体的には、「広告の規制」「パッケージ上の警告文言」「ｔａｓｐｏ（タスポ）」の登場などである。

また、２００２年10月に「安全で快適な千代田区の生活環境の整備に関する条例」が施行された。日本で初めて過料２０００円を課した、いわゆる「ポイ捨て禁止条例」である。その後、多くの自治体や地域が、後を追うように路上喫煙に関する新ルールを設定していく。

ＪＴの「マナー広告」が、その逆風と無縁であるはずがない。岡本さんはこの広告のテーマを「共存」だと言った。喫煙者と非喫煙者の「共存」、具体的には「分煙」である。「受動喫煙」という言葉は、すべての人をたばこの関係者にしてしまったのだ。

今回取り上げたかったのは、**「あなたが気づけばマナーは変わる。」**のコンセプトのもとに書かれ、それに付随する、次のコピーである。

「たばこを持つ手は、子供の顔の高さだった。」
「吸いながらを排水溝に捨てた。というか隠した。」
「吸ってもいいですか。たばこを取り出しながら、聞いていた。」

喫煙者と非喫煙者の「共存」

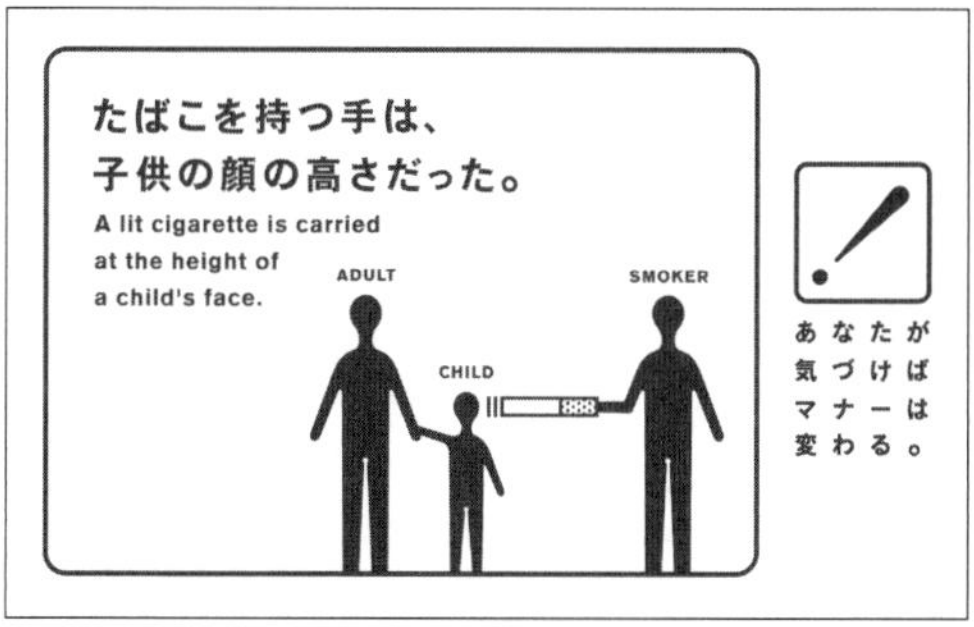

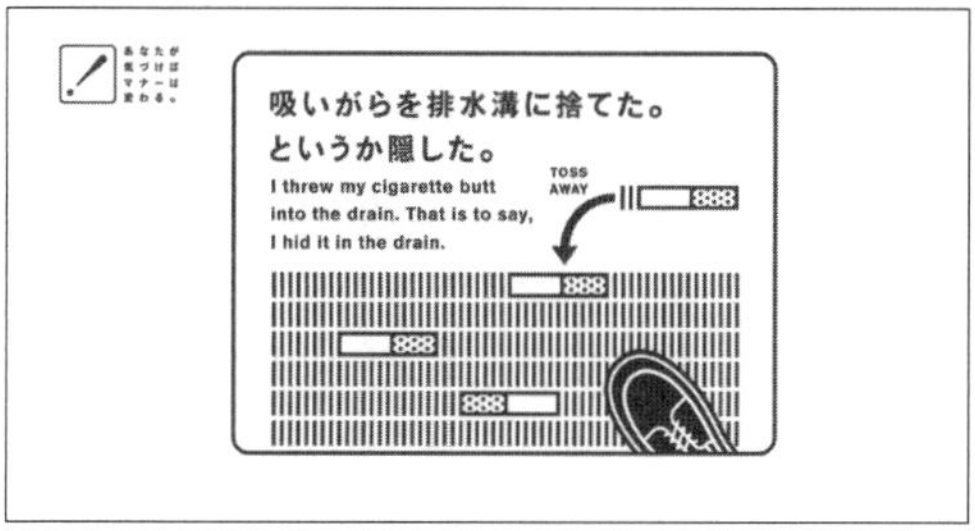

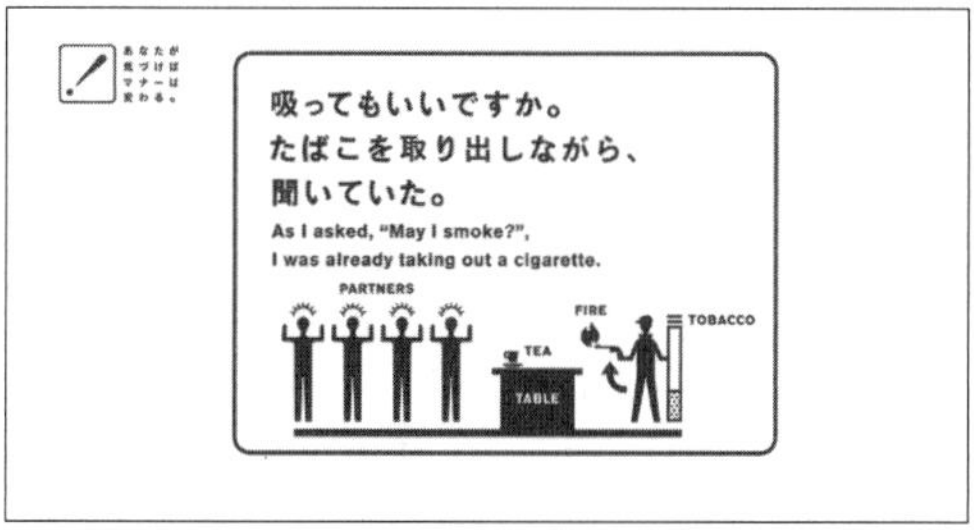

日本たばこ産業（2004年）CD：會澤浩／
C：岡本欣也、戸田浩司、米田恵子

広告が商品に覚悟を要求する。

岡本さんは著書『「売り言葉」と「買い言葉」心を動かすコピーの発想』で、「自分の内なる声に耳を傾け、たばこを吸うときに忘れがちな配慮、気づかないふりをしている罪悪感など、たくさんの本当の気持ちや態度をひとつひとつ言葉にしていきました」と書いている。

確かにこれで喫煙者は「気づく」。しかしぼくがあらためて読み返してみて驚いたのは、彼の丁寧な言葉とは裏腹のペン先の尖り方である。

顧客の支援・保護を志向しながら、そのコピーは顧客の悪事や悪意を暴いている。ただただ「同時代化」を強く求めている。自ら喫煙者であるそのコピーライターは、たばこに「昔はよかった」などとため息をつかせようなんて微塵も思っちゃいないのである。

顧客の悪事や悪意を暴く

ぼくの「そうでしょ?」に、彼は、それはJTのオネスティだと答えた。コピーライターはそのコピーによって企業の覚悟を迫り、企業はオネスティでそれに応えるのだ。商品もサービスも必死に時代に寄り添い変わろうとする。しかし、その本質上、努力に限界があることもある。

たばこがそうだ。変化に寄り添うのが広告的態度だと書いたが、商品やサービスの変化に困難があるとすると、広告が、コピーが、能動的にその困難の原因の軽減を示唆し、価値の同時代化を促そうとすることもあるのだ。それは、「マナー」というやさしい言葉だろうか? ぼくは戦いだと思う。

最後にお断りを。

岡本さんに話を伺い、たばこの現状への取り組みに、広告的シンパシーを勝手に感じたのは事実である。偏ったように読まれたかもしれない。しかし、ぼくは決して喫煙を促さない。

ぼくの吸っているたばこのパッケージには、大きく「喫煙は、あなたにとって肺気腫を悪化させる危険性を高めます」と書かれている。

危険性を高めます

（2016年3月号）

ひとり広告批評

岡本欣也

実際に書かれたものを読んでどう感じたか。
それに答えるには、原稿を読んだ直後の、
宣伝会議の編集担当である鈴木さんに宛てた、
私のメールを紹介するのが早いかもしれない。

「鈴木さま、おつかれさまです。価値の同時代化を促そうとする、戦い。
こんなふうに言っていただいたのは初めてなので、とてもうれしいです。
山本さんに、ありがとうございます！　とお伝えください。お願いします」

これは偽らざる感想。
それにしてもずいぶんと喜んでますね、私。

そして多少なりとも転送されることを計算しながら書いているあたり、
私ってコスい人間ですね（知ってますけど）。
でもこれが、感じたことの、もちろんすべてではない。
本当にうれしかったこと。それは、広告制作者である私と
クライアントとの関係性について言及してくれたこと。
この関係性を語らずに、広告クリエイティブの本質になんて
辿り着けるわけがない、とつねづね思っていたので、
「そこを触ってくれるんだ」という喜びが、自然とあふれてきたのです。

いや何だか、ここまで書いたら、
もっとそもそもの話をしたくなってきました。
そもそも広告界には、読みごたえのある専門書が多くありません。
実制作者の体験談や自慢話、コピー・デザインを並べ変えただけの

安直な再編集もの、あるいは部外者による的外れな解説ばかり。
広告を語るものの多くがプロセスの話を軽視し、
またはクライアントの顔色をうかがいすぎるがゆえに、
「関係性」に関する部分を端折ってしまう。だから空疎なのです。

広告というものが絶対に避けることができない人間関係の中にこそ、
時に両者の対立や軋轢の中にこそ、ドラマがあるはずなのに。
山本さんが目論んでいるのは（ご本人に伺ったわけではありませんが）、
広告の世界にまっとうな批評を根付かせることではないか。
それは私の中では、業界内に新たな刺激を与えようとし、
一方で業界の外側にクリエイティブの醍醐味を伝えようとした
天野祐吉さんや島森路子さんの姿と重なる。

本当の、広告批評。

実制作者でもある山本さんが、

それをひとりで引き受けようとしているように、私には見える。

岡本欣也
オカキン　コピーライター。１９６９年生まれ。１９９４年岩崎俊一事務所入社。２０１０年オカキン設立。最近作は、オリンパス「撮るという、アイラブユー。」、ＷＯＷＯＷ「目の前を、おもしろく。」、住友生命１ＵＰ「リスクについて考えないのが、いちばんのリスクだと思う。」、ドコモ＋ｄ「手を組めば、かなう夢がある。」新聞シリーズ、日本たばこ産業「あなたが気づけばマナーは変わる。」など。ＴＣＣ、ＡＤＣ、ＡＣＣ、読売、朝日、日経広告賞等受賞多数。著書に『「売り言葉」と「買い言葉」』（ＮＨＫ出版）、『大人たばこ養成講座１・２・３』（美術出版社）など。テレビ番組「しまじろうのわお！」やフリーペーパー「ＦＩＬＴ」のディレクションも。

岡本さんは、その穏やかな風貌の奥に「本気」を持っています。その言葉は刃物になったり、耳かきのパフパフのところになったりする。また話を聞かせてください。

23

「諸君。学校出たら、勉強しよう。」
ところで、勉強って何だ？

日本経済新聞社（１９８２年）

受験勉強すらロクにしなかった。英語と国語だけはなんとかできたんで、二次試験に数学のない大学の文学部を探して、一次試験の理科・社会は全部丸暗記した。あんなもの勉強とは言わん。

受験生の身でそうであるから、学生になって心が改まるわけもなく、当時の暮らしぶりや興味の対象を思い起こしてみると、ロック4、女子3、合気道部に属していたのでそれが2、その他は全部合わせても、もう1しか残っていない。

その若い男は、「勉強する」ということ自体を理解してなかったのだと思う。他の誰でもない。自分のことである。

軽ちゃ〜の時代。

そんなぼくの青い愚春の頃に、「**諸君。学校出たら、勉強しよう。**」（1982年）は世に出た。日本経済新聞社のコピーである。コピーライターは竹内基臣さん。

「ビジネスマンになったら、日経。」とショルダーコピーに見られるように、早い話が、会社勤めをするようになったら「日経」を購読してください、ということ。桜の柄のビジュアルからも、4月の新社会人にアプローチしていることが見て取れる。

この広告にリアルタイムで接した記憶がある。当時、大学3年生のぼくは、まだホットなターゲットではない。しかしターゲットであるその年の卒業生とはわずか2年差、翌年には就活（そんな言葉はなかったが）を控える

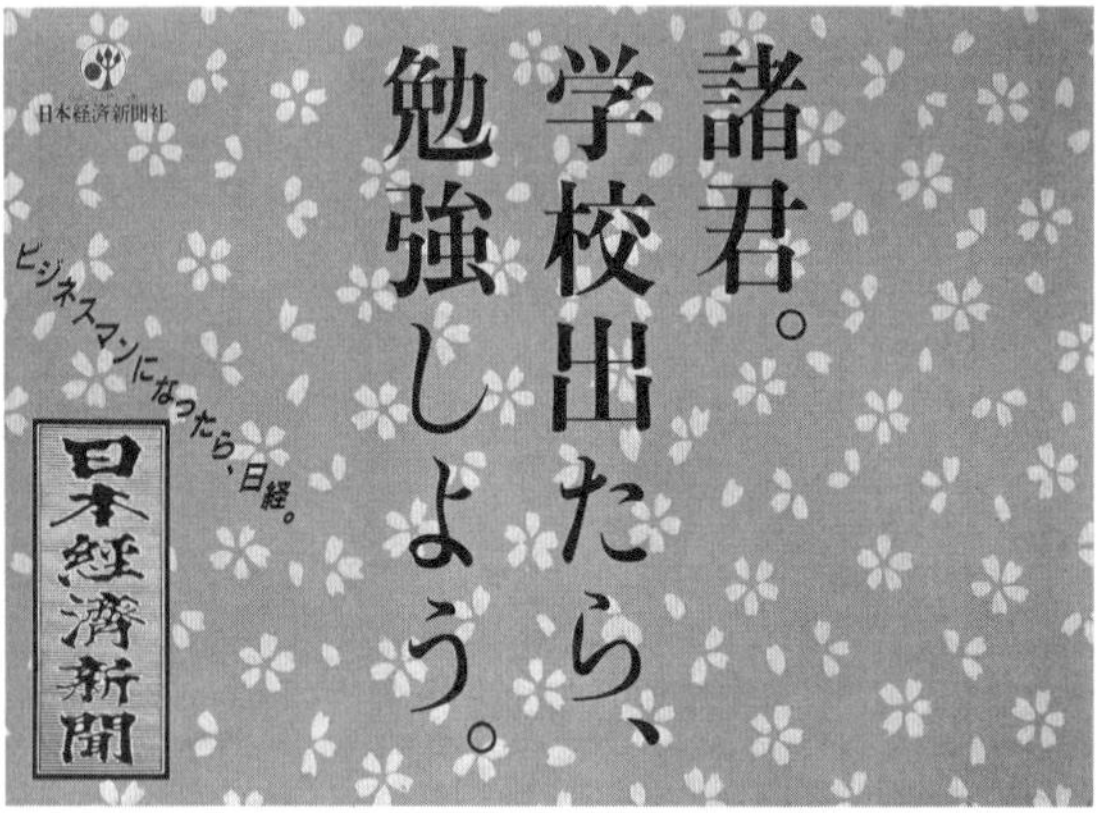

日本経済新聞社（1982年）C：竹内基臣

ルンルンしながらニャンニャン

身には、まったくの他人事とも言えない。

ターゲットと同じ世代の若者として、時代も社会も共有している。日経からのメッセージが何を言わんとしているかくらいは、理解に難くない（ただ、社会に出てまで勉強するのはイヤだねえ、とは思っていた）。


その頃の世相を思い返せば、とにかく「軽い」時代だった。『森田一義アワー笑っていいとも！』が放送を開始した。東京ディズニーランドが開園した。女子は「ウッソー」「ホントー」「カワイイー」だけで会話をこなし、男子はおしゃれに目覚め、プレッピーやサーファーはサザンや西海岸に憧れ、サザンや西海岸に興味のない少年はテクノカットでテクノポップを聴いていた。

みんなルンルンしながらニャンニャンしていて、そうじゃなければネクラと言われた（若干の誇張と思い込みあり）。

世の中がある方向に傾き過ぎれば、それに反発するカウンターグループが然るべき数存在すると考えておいたほうがよい（行き過ぎが反省を生むように）。当時の時代や社会においても、その「軽さ」に違和感を持つ人々が別の価値観を模索し始めた状況は推測される。

そのような「時代／社会／人間」をコピーライターの竹内さんは「こやしにして」（©土屋耕一さん）、この提案を行ったのであろうと思う。

確かに新聞が「勉強」を持ち出して来るのも考えてみれば不自然なことではないが、軽い時代を背景にすれば新鮮だった（この数年後、その経済の「勉強」が功を奏し、株や不動産という設問で高得点を挙げる人も、大量に出現することとなる）。ただその「勉強しよう」の本質は、単にその時代に日経新聞の売上を引き上げるだけのものではなかった。

「学生」という区別。

人生は巡り巡って、そんなぼくが人に「勉強」を説く立場となった。その是非はおいといて、いざその立場となって考えてみると、いろいろと「ヘンだな」と気づくこともある。例えば、「学生」という言葉だ。

戦前の旧制大学や学生紛争の頃ならば、つまり「学生」という言葉が選ばれた者を意味する頃ならばともかく、21世紀の「学生」は、積極的な意味を失っている。

なにしろ大学全入時代である。その積極的な意味を失った「学生」は、しばしば「社会人」とセットで扱われる。事実、大学生は紛れもなく学生なので（ちなみに高校生は生徒）、彼らが「社会」においてそう呼ばれることに、本来違和感はないはずなのだが、そのセットで（明確な区別を前提に）扱われるとするならば、おやおや学生は「社会の人」ではないのか、ということになる。

問うまでもなく彼らは、この社会に生まれて暮らす「社会の人」である。少なくとも、消費税という形で納税もしている。18歳の投票権も実現した。にもかかわらず、「学生」という区別は疑問を持たれることなく、「学生のキミたちも、4月からは晴れて社会人」などと人生の先輩面が上からのたまうフレーズも常套句である。

さらにそこに、就活という人生のボトルネックのようなものが控えていることを合わせ考えれば、まったくうなずけない。就活は、「学生が」「社会に」「晴れて」「社会人になるために」「社会に選ばれて」「人生を選ばされる」というシステムだからだ。名称の区別は、両者間の上位下位の隔差を明確にするものだとも見える(もちろん社会人側が上ということ)。

学生はまるで、社会人の「さなぎ」扱いのようだ(中高生は幼虫か)。この区分においては不思議なことに、30歳の看護師や40歳の会社員や50歳の公務員が、自分のことを「社会人」と名乗ることは、およそない。自分をそう規定

晴れて社会人

することもないだろう。では、「社会人」とは誰のために用意された言葉なのか。

脳は経験する。

ぼくは、この日経新聞の「学校出たら、勉強しよう」という提案に、年月を隔てて今ようやく激しく同意する。そしてそのコピーから、「そもそも勉強って何だ？もう一度そこから始めようよ」という鋭角なメッセージを受け取る。

ここからは持論だ（教育することを、教育されていない者としての、勉強）。勉強は「知る」ことに始まる。「知る」ことは、主に「読む・見る・聞く」である。しかし知り得たことを覚えるだけでは、つまり知識だけでは、何のアウトプットにも辿り着かない。

「知る」ことは「考える」ためにある。逆に言うと、知らなければ考えることもできないし、思い出すことすらできない。そう考えれば、あの１９８０年の不真面目な受験生が、一生懸命正解を丸暗記することにも意味はあった（その後も記憶に留まっていてくれれば、のことだが）。

ぼくは勉強するということ、学ぶという行為を広く「経験」と捉える。それは脳に経験させることに他ならない。「読む・見る・聞く」も、脳の経験である。その経験は、考えるための脳のデータベースを肥沃にする。

それら「知る」という脳の経験を「考える」ためのものと書いたが、また「考える」ことも、脳の経験である。考えたという経験が、また脳のデータベースにフィードバックされる。その知的経験も、脳に蓄積されていく。知って→考えて→蓄積する。それを意識的に繰り返せば、そのデータベースをさらに肥沃なものへと育てることができる。

我ながら魅力的な仮説だ。ぼくらはいつも何かしら考えている。それを積極的に意識化すれば、考えれば考えただけ脳の経験となる。データベースの痩せた、つまり経験の乏しい脳と、経験を重ね肥沃なデータベースを持つ脳とで、どちらが豊かな想像力や的確な判断力を持つかなど、考えてみるまでもない。

勉強することを脳の経験と捉えれば、資本論もマクルーハンも日経も東スポも等価である。仕事や人間関係や政治や経済を考えることも、痛い失敗や辛い失恋や深い失意も同じように、脳の「こやし」になる。

「学校出たら、勉強しよう」という提案は、その意味で「勉強」が一生のものであること、それにおいて「学生」と「社会人」の区別を設けるものではないこと、本来人間は受験や就職などの段差に挫かれることなく、右斜め上の方向へリニアに成長していくものであることを示唆してくれているのだと思う。

そして当時のぼくのような、軽くて浅くてゆえに弱い学生に、「誰かに与えられるものは勉強の一側面に過ぎない、さあ自分で考え始めろ」と、激励してくれていたのだと思う。

そこには学生と社会人の段差をあえて用意する、今の社会の未必の悪意と疑うべきものはない。それどころか、この社会に生きて長い先輩の、いまだ浅い後輩への眼差しを感じることができる。

学校にいても、学校を出ても、一生は意義のある勉強である。そういう勉強なら続けられる。それをやめたら、人生は無為な時間になる。

後輩への眼差し

（2016年4月号）

広告に託す企業の気持ち

日本経済新聞社　広報室

「ある日、日経は顔に出る」（１９９５年）、
「女は変わった。男はどうだ。」（２００３年）、
「人生には知らなくていいことがあふれている、
知るべき情報は日本経済新聞で」（２０１５年）――。

これまでも日本経済新聞は、
時代の変化を意識した広告を届けてきました。
振り返れば、１９８２年のこのキャッチコピーが、
まさにその起点となっているような気がします。

当時も今も、ビジネスパーソンの役に立ちたい思いは変わりません。
そして新たに社会人になる若者たちへの優しい眼差しも、
もちろん忘れないでいたい。
ただいまのコピー「あなたが、未来だ」（２０１５年〜）にも、
そんな気持ちを託しています。

学生は新聞を読まない。この困った現実には、半ば諦めが混じります。
新聞の差別性のひとつは、その連続性です。これは他のメディアには顕著ではありません。

24

「考えよう。答はある。」

コピーライターの仕事。

旭化成ホームズ（２０１１年）

広告会社を辞めて立ち上げた個人事務所を「コトバ」としたことには、名前に重い意味を与えようとする意図はなかった。むしろその重さは、独立という緊張と不安の中では避けたいものだった。

長年の友人が素人ながら占い関係に精通していて、いくつか社名案を出せば姓名判断に見てもらってやると言ってくれた。

一世一代のネーミングである。普段の仕事以上に（ウソですよ）、一生懸命考えた。それを友人が行きつけの占い師さんに取り次いでくれたのだが、最初の10案、全滅。「もう一回出してみようよ」。ええ、もちろん出しますとも。「直接話してみたら」ということで、再提出後に電話で相談してみるということになったのだが、その10案、撃墜。

「これとこれは、まあ小吉くらいなんですが、ヤマモトさんはその程度をお望みじゃないですよね？」。こういうのはダメで、こういう方向が望ましいと教えてくれる。まるで厳しめなプレゼンの戻しか、再オリエンだ。結果的に最後となった10案を出した次の日に、友人から電話がかかって来た。

「コトバっていうのがいいって。大吉だって、おめでとう」。自分の会社の名前が決まっておめでとうもないと思うのだが、そういう経緯なので、正直ほっとした記憶がある。しかし望みに望んだ「コトバ」ではない。30案のひとつである。しかも再々プレゼンでようやく決まった。


ところが決まった名前は重かった。コピーライターがコトバという会社を立ち上げることは、「コーヒー」という喫茶店を開店するようなものだ。「映画」という映画を撮るようなものだ。仕事の電話をかければ、相手に「コトバのヤマモトです」と名乗るのだ。

僭越にして無謀で、身の程知らずにも程がある。やっちまったと思った(その後、敬愛するコピーライターの諸先輩に社名のご報告&お許し行脚に出向くこととなる)。しかし、やっちまったままでは食うにも困る。

言葉は、精神や行動のあり方にまで支配的になる。覚悟を迫るのだ。コトバという言葉は、それを裏切らない仕事を要求する。して来たかと問われれば、とかく恥の多い人生ゆえ胸は張れないが、言葉に対して面倒くさいくらいにコンシャスにはなった。

昔話に字数を費やし過ぎた。しかし、磯島拓矢さんとのコピーを巡る対話を記述するためには必要だと考えた。

磯島さんは会社員時代の後輩で、入社年次で言うと5年下になる。ある雑誌の対談記事で「コマーシャルは苦手だ」と告白しているように、コピーライ

コピーライター志望が少ない

ターを天職と定め（たぶんね）、会社で上に立つ役職についた今も、自ら手を動かしてコピーを書き続けている。

近年は言葉を交わすことは少なかったが、彼のグラフィック原稿やテレビCMのコピーに接すると、書き言葉を組み立てることによって、その広告に与えられた課題を解決しようとする彼の姿は、容易に読み取ることができる。

コピーライターの言葉嫌い。

近年、広告会社の若手社員にコピーライター志望が少ないと聞く。「広告と言えばテレビCM」という時代が長く続いた。つまり広告をつくる＝CMをプランニングするということだ（昨今はそこにインターネットが最新の議論を投げかけてはいるが）。

しかしそのような長期的なトレンドに原因の一端があるとしても、彼らが

「CMプランナーを選ぶ」のではなく「コピーライターを避ける」という理由があるのでは、といぶかしく（さらに意地悪く）思う。その理由は、言葉が本来的に持っている「面倒くささ」にある。

言葉は（繰り返し述べているが）、「約束」である。

「赤」と言えば、「赤」である。「13時15分」と言えば、「13時15分」である。あたりまえのことであるが、このあたりまえの内容に関して、言葉はふたつの作用を同時に行っている。「赤である」という肯定と、「赤以外の何ものでもない」という否定だ。

たったひとつの肯定は、残りの全否定を意味するのだ。言葉は言うまでもなく、コミュニケーションを確かに成立させるためにある。ならば、言葉はより詳細で厳密な「約束」をすることが望ましい。

なぜなら、コミュニケーションがその真価を発揮するのは、異なるコミュ

「赤」と言えば、「赤」

ニティを結びつける時だからだ。コミュニティが異なれば、価値観や世界観が異なることも多い。だからこそ意味が両者に詳細まで厳密に特定され、齟齬なく共有される言葉が必要になる。

言葉が約束だとするならば、「赤」と伝えておいて、それが「赤」でなければ嘘つきと言われる。「13時15分」は「13時15分」である。13時ちょうどでも13時20分でもない。そこのところの厳密な約束をしたくないのか(ちょっとくらいいいんじゃないの?)、日本のビジネスマンは「ゴゴイチ」というビジネス用語を開発した。

政治家は、言葉の意味や尺度を正確に共有されることを怖れるあまり、それが果たされない「ちゃんと」「きちんと」「しっかりと」を多用する。「ちゃんとした政策を、きちんと実行して、しっかりとした答えを出す」。これじゃ約束になっていない。

「嘘をつきたくない」ではなく、「嘘をついたと思われたくない」ためのレトリックに腐心しているのだ（それはしばしば、コピーライターの文章にも表れる）。

その害悪を、磯島さんは「カワイイ」という言葉を用いて説いている。

彼は自身の著書『言葉の技術 思いつくものではない。考えるものである。』で、「何かを見て『いいなあ』と思ったときの気持ちを全部『カワイイ』で済ましている。エラそうな言い方をすれば、そこで思考を止めてしまっている」（原文ママ）と書いている。

さらに、ぼくとの対話の中で「『カワイイ』には反論はない。しかしそれは結論ではない。むしろ反論された方が互いの理解に近づく」と補足した。

コピーライターが企業と消費者という異なるコミュニティを結びつけようと願うのならば、「ちゃんと」や「きちんと」で曖昧にせずに、詳細で厳密な言

「カワイイ」で済ましている

葉の約束をしなければならない。場合によっては、コピーの文中の「かもしれない」も「と思う」すらも、曖昧さに余地を残す。

コピーは単なる表現ではない。コピーライターは、かくも面倒くさい言葉というものを扱っている。そんな仕事を避けて通りたくなる気持ちもわかる。

コピーは代筆。

磯島さんの「**考えよう。答はある。**」（２０１１年〜）は、旭化成ホームズ「ヘーベルハウス」のコピーである。

彼によるとヘーベルハウスは、注文住宅としては明らかに都市型だそうだ。だから地価、土地面積や家族のあり方その他について、都市の現代的な問題が付きまとう。「問題がある」から「考えよう」なのだ。

それ以前に当時は、東日本大震災に揺れる社会である。ヘーベルハウスと

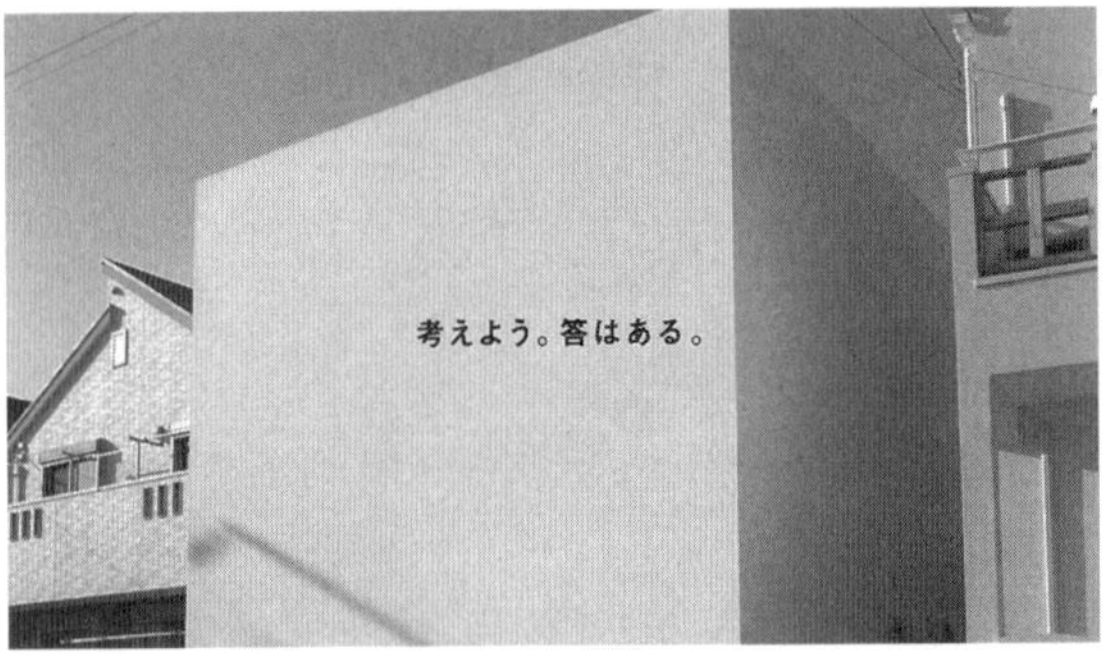

旭化成ホームズ(2011年) CD＋C：平山浩司／C：磯島拓矢

人間の英知、日本人の知恵と技術

しては、住宅メーカーという地震や災害と明確な因果関係を持つ企業としての発言となる。その言葉の約束は、受け手のひと際厳しい目にさらされる。
磯島さんは前出の著書の中で、次のように述べている。

「原発問題の収束に向けて、そして復興に向けて試されているのは、もはや『がんばろう』に代表されるぼくら人間の気持ちではありません。人間の英知です。日本人の知恵と技術です」
「ブランドスローガンとはいえ、いたずらに明るい希望をメッセージにしてはいけないと思いました。(中略)自らの知性を信じて考えること。そうすればきっと答えはあるはずだ」

誤解のないように書き添えると、先の「自らの知性」の持ち主は、クライアントである。

彼はコピーライティングを「代筆」と言った。「代筆」とは、「クライアントのいいところを引き出して、クライアントの名前で（磯島拓矢ではなく）紹介する」ということである。

確かに「答はある」という言葉からは、結果は出せるものという良質な自信と、震災に打ちのめされた消費者への違えられない約束を読み取ることができる。磯島さんはクライアントの「正解に向かってにじり寄るような仕事」があったからこそ、その約束ができたと言った。クライアントの工場や研究所などに行くと、「代筆欲」を刺激されるそうだ。

「時代／社会／人間」を受け止めながら、「答はある」とコピーで約束しておくからと、クライアントに覚悟を迫る。

コピーライターは怖いねえ。みんな、いちどやってみたらいいのに。

代筆欲

（2016年5月号）

言葉は約束である。

磯島拓矢

高史さんは「言葉は約束である」と書いた。
それを読んだ僕は、作家の池澤夏樹氏の文章を思い出した。
ずいぶん前の朝日新聞に掲載されたものだ。

「〈前略〉『動物系と魚介系ダブルの旨みが効いた渾身の一杯です』
これは、あるカップ麺のパッケージに書いてあったもの。
今、われわれが日々いちばん多く接しているのは
この種の文章である。〈中略〉
ごく普通の日本人にとって、言葉とは、
家族や友人に気持ちを伝える道具であり、
自分の心を律するものであり、

用語を厳しく定義した契約書の文言であり、
哲学や信仰の拠り所である以前に、
まずもって『コピー』なのだ。〈中略〉
これが今のわれわれの言語生活である。
ある程度の嘘を含み、大袈裟で、
見た目には派手で魅力的だけれど、
しかし信用ならない言葉。〈後略〉」

高史さんは「言葉は約束である」と書いた。
「コピーライターは、かくも面倒くさい
言葉というものを扱っている」とも書いた。
それを読んだ僕は、自問する。
「言葉は約束である」ことを、どこまで意識しているだろうか。

「言葉の面倒くささ」と、どこまで対峙しているだろうか。
それを意識し、それと対峙している者だけが、コピーを書ける。
正確に言えば、いいコピーが書ける。
そして池澤氏に対し、コピーとは
「ある程度の嘘を含み、大袈裟で、
見た目には派手で魅力的だけれど、しかし信用ならない言葉」
では断じてない、と抗弁できる。
その資格を有するコピーライターが、今どれだけいるだろうか。
僕には自信がない。正直に告白すれば、
「動物系と魚介系ダブルの旨みが効いた渾身の一杯です」
というコピーを、僕は書いたことがある。

高史さんは「言葉は約束である」と書いた。

さらりと書いてはいるけれど、重い一言だと思う。
「コトバ」という社名を選んだ人ならではの言葉だと思う。

磯島拓矢
電通 クリエーティブ・ディレクター／コピーライター。主な仕事に、旭化成ヘーベルハウス「考えよう。答はある。」、旭化成企業広告「昨日まで世界になかったものを。」、日立製作所企業広告「つくろう。」、日本サッカー協会スローガン「夢があるから強くなる。」、九州新幹線全線開業告知「祝！九州」、大塚製薬ポカリスエット「自分は、きっと想像以上だ。」などがある。

磯島さんは、昔から青白い。ぼくは今や酒やけで赤茶色いが、昔は青白い人でした。その方がコピーライターっぽいと思う。ずっとコピーライターでいようね。

25

「みんながみんな英雄。」
わかる人にはわかること。

KDDI（2015年）

以前、ある企業で講演をした時、前列の若い男性の出席者から「さっき見たヤマモトさんのテレビCMのどこがいいのか、わからないのですが」という質問（と言うか何と言うか、とほほ）を受けた。

「さっき見た」のは、「たいせつな人のために、私はたいせつ。ココロとカラダ、にんげんのぜんぶ。オリンパス」というテレビCM。今や病変を早期発見すれば、約60％という高い確率で治ると言われているがんに関して、消化器内視鏡世界シェア70％のオリンパスの内視鏡検査をテーマとした企業広告だ。

とりあえず心の中で3つ数えてささくれだった気持ちをなだめてから、

どこがいいのか、わからない

「どこがわからないのか」と声を裏返らせて逆に問うたところ、どうやら「まったくわからない」らしい。

そのあたりでぼくは彼に関してあることを確信する。「失礼ですがおいくつですか?」。「20代。未婚。人間ドック経験なし」とのこと。

はあ、そういうことね。まあいいよ、それが広告に対する受け手のあたりまえの気持ちと態度だから。「広告って、そういうものなんですよ」と、ぼくは年長者らしい柔和な笑顔で言った(はず)。

ターゲットか、ターゲット以外か。

広告は、ターゲットと称されるある属性や気持ちの傾向を持つ人々をあらかじめ想定していて、その人たちに向けて商品やサービスのベネフィットを約束する。つまりターゲット以外の顔色を見る必要が、基本的にはない。

フランスやイタリアのハイブランドは一足の靴に10万円くらい出せる人しか相手にしておらず、コンドロイチンを配合したサプリメントは、大学生に買ってもらおうとは思っていない。たまたまその広告がウケることはあっても、楽しませる義務はないのだ。

だから逆に、自分がターゲットでもない広告を受けるハメになる人にしてみれば、自分にさほど関係のない話（しかも「どうだ、これ、いいだろう」という自慢話）を、延々（15秒間）聞かされるということになる。ウイスキーを飲まない人には、ウイスキーの広告の登場人物が何を楽しんでいるのかわからないのかもしれない。髪の毛に悩みのない人には、育毛剤のテレビCMなど明らかにどこかの誰かの他人事である。

広告は総体としては、社会全体にも匹敵するサイズのコミュニケーション活動であるが、その一つひとつはあまりに個別的だ。関係ある人には有用な

関係ない人には関係ない

情報であることはあっても、関係ない人には関係ない。むしろ余計なお世話だ。特にマスメディアにおいてはターゲティングの精緻化に限界があるため、一個人にしてみれば、大半の広告が関係ないという事態が常態化する。

ウイスキーを飲まない人を、ウイスキーの広告は素通りしてはくれないのだ。それが、広告が嫌われる理由のひとつともなる。受け手にしてみれば広告は、頼んだ覚えもないのに勝手に送り届けられるメッセージだ。そんなもののために時間も想像力も使う気はない。

受け手としての自分を振り返ってみた時、ぼくらは広告を受ける際に、特筆すべきスキルを発揮しているのではないかと感じる。例えばテレビCMならば、①「A・自分に関係あるか／B・ないか」②「関係あるとすれば、A・それ（その商品・サービス）でトクをするか／B・そうではないのか」を判別して、②-A以外のものを意識内に入れることを許さない。

しかも、その全行程をテレビCMなら始まって数秒のうちに、感情を動かすことなく無表情のまま完了させている。それで処理できなければ、「わけわからん」「ちっとも面白くない」「うるさい」という評価を伴って意識化されることになる。冒頭の「20代。未婚。人間ドック経験なし」の男性には、ぼくの広告は①‐Bだったのだ。

繰り返すが、広告とはそういうものだ。しかし、ここで気づくべきことは、広告はターゲットとだけではなく、ターゲット以外とも、実は何らかの関係性を持っているということだ。

不思議な読後感。

ある日、大学の廊下で同じ社会学部の教授に話しかけられた。

「気になるCMがあるんやけど」。それはauの、いわゆる「三太郎」だった。

気になるCMがあるんやけど

「ヤマモトさん、あれの意味わかる？」。もちろんメッセージの意味はわかる。ただ、彼の言っている「意味」は、その意味じゃない。

「ぼくらはあのＣＭの相手じゃないんですよ」とぼくが返すと、彼は安心したように「ヤマモトさんもそう？　よかったあ。私、意味がわからなくてね」。

ａｕのいわゆる「三太郎」（２０１５年〜）のキャンペーン（コピーは「**みんながみんな英雄。**」）は、２０１６年度のＴＣＣグランプリを受賞したばかりの、まさに旬の広告である。今回は「三太郎」キャンペーンのクリエイティブディレクター篠原誠さん（彼とも20年来の付き合いになる）に話を聞いた。

確かに、興味深い広告だった。不思議な、と言ってもよい。「よく遭遇する。自分はターゲットでもあるはずだ。しかしその表現は、自分に向けられていない。ただとても気になる」。先の同僚教授もおそらく、その「不思議な読後感」ゆえに、ぼくに声をかけたのだろう。ウイスキーを飲まない人なら、ウ

KDDI（2015年）CD：齋藤和典、木下一郎、平山浩司／CD＋C：篠原誠

「若さ」に満ちあふれている

イスキーの広告が自分を向いていなくても違和感はあるまい。しかし、ケータイは我々の日常である。

総務省の「電気通信サービスの契約数及びシェアに関する四半期データの公表」(2015年3月末)によると、日本の携帯電話・PHS・BWA(広帯域移動無線アクセスシステム)の契約数は、台数にして1億7732万台、対総人口では139・5%に達している。しかもその数字はさらなる高みに届くだろう。

もはやケータイの広告コミュニケーションにおいて、ターゲットとなり得ない人は稀だ。ところがぼくらはどうやら、「三太郎」にはコミュニケーションターゲットと目を付けられてはいない。

「三太郎」の表現は、どうしようもなく「若さ」に満ちあふれている。その「若さ」は、ぼくらが通過して来た「若さ」とは別物だ。さらにぼくは(広告関係者として不適切なことに)、「三太郎」のうちふたりは知っていたが、あとひとりの名前は出てこなかった(かぐや姫女子も知らなかったよ)。

タレントの世代別認知率・好感度は、ターゲティングの重要な指標である。逆に言うと、タレントの名前もわからない受け手はターゲットの枠外ということになる。先述のチャートにすると、「①-A・自分に関係ある→②-A・(そのサービスで)トクをする」のに、あちらからは「コミュニケーションターゲットではない」のだ。

まあいいよ、ターゲティングは疎外の構造に他ならないさ。でも「不思議な読後感」はそこじゃないんだよ。同僚教授の「意味がわからなくてね」は、理解したくもない受け手がもらす「わけわからん」とは、まったく違う。「マスメディアのマスを(購買の)ターゲットとする商品の広告において、なぜコミュニケーションターゲットを絞ったかのような表現なのか(しかもなぜそ

バカカワイイ

れに引き寄せられるのか)」ということなのだ。

制作者に聞けばいい。篠原さんの発言を並べる。

普通に、幸せな家族が面白がってくれるものをつくりたかった。おとうさんが「これは面白いのか⁉」と家族に聞くような(うわ、ぼくらオヤジは確かにそう言った!)。

その手法は「バカカワイイ」だった。若者だけを意識したわけではない。タレントも企画に沿うと、あの人選となった。若者におもねったわけではない。事実、10代から60代まで反応している。ただその方向で表現を詰めていくと、若者に向いたものにはなる。若者にスペックは効かない。彼らの好き/嫌いは、はっきりしている。それを直撃しようとしても難しい。「何となく好き」になりたかった。

広告はターゲットとだけではなく、ターゲット以外とも、実は何らかの関係性を持っていると、先に述べた。ぼくらはどうやらコミュニケーションターゲットではないらしい。しかし、おとうさんが「これは面白いのか⁉」と聞くように、十分に認知している。Webマーケティングの時代に、オールターゲットの説得力は鈍い。

「ターゲットをできるかぎり明確にする→ターゲット以外との関係を計算する」。それは、マス葛藤時代に臨むマスクリエイティブのあり方かもしれない。

同僚教授は、「意味がわからない」の後に、実は言葉を続けていた。「楽しそうなのはわかるんやけど」。彼は「何となく好き」と告白している。ぼくも同じだ。

ぼくのケータイは、篠原さんには申し訳ないことに他キャリアのiPhoneであるが、「三太郎」の「若さ」は隣の芝生ではなく、社会の若い緑に

社会の若い緑

見えた。
広告は個別のコミュニケーションと、ストイックに言い切ることもないな。
マスコミュニケーションの可能性は、まだまだ尽きない。

（2016年7月号）

侍から連絡があった。

篠原 誠

高史さんから連絡があった。三太郎について話を聞きたい。
もちろん本人からの連絡ではなく、誰かを介在しての連絡。
高史さんは、僕が新入社員としてクリエーティブ配属になった時に、
隣の部にいた侍だった。見た目もそうだが、怖かった。
コピーで人を切るのではないかというイメージ。
「お前のコピーはうんこだ！」
何も言わなくてもいつもそう言っているようなイメージ。
もう20年以上前のそのトラウマは、消えそうで消えない。
セリフもコピーであるなら、僕はコピーライターだけれども、
高史さんの立っている場所とはずいぶん違う。

このコメントを書くことになって、参考にと、
磯島さんのコメントを読ませてもらった。
また、そこにも、侍がいた。
僕が思うに、コピーライターには、侍と道化師がいる。
僕はどちらかというと道化師だ。侍には、なれないし、慣れない。
コンプレックス。侍には、いちいち、言葉に重みが見える。
いちいち、構成に無駄がない。本当に、嫌な気持ちになる。

そんな侍の中でも、
特段に切れ味のいい刀を振る高史さんから連絡があった。
三太郎について話を聞きたい。ウソだ。
三太郎について、尋問したいんだ。
いや、三太郎について糾弾したいんだ。

そう思いながら、ひさしぶりに高史さんの元へ後ろ向きで歩く。
三太郎キャンペーンは、大衆の中の大衆のもの。
高史さんの書くコピーが刀だったら、僕の三太郎は、綿菓子の棒。
美しさも鋭さもない。なんなら、楽しんだ後は、無用のもの。
高史さんに何を聞かれたか正直覚えていない。
どう答えたかも覚えていない。

数日して原稿が届いた。原稿といいながら、それはコピーだった。
リズムが合って、気持ちのいいコピー。修正部分などあるはずもない。
一文字も直しがないなんて、初めてだった。
本当に侍コピーライターは嫌になる。だから負けたくないと思う。
だからうまくなりたいと思う。
もっともっともっともっともっと。さらに。

篠原 誠

クリエーティブ・ディレクター／コピーライター／ＣＭプランナー。どうやったら、売れるか？が一番の関心ごと。ＣＭプランナーとして紹介されることが多いが、実はメディアニュートラル。日本ではまだテレビが強いのでテレビＣＭを考えることが多いだけ（２０１６年現在）。最近の仕事は、ａｕ三太郎、家庭教師のトライ、富士フイルムの写プライズキャンペーンなどなど。作詞と脚本も好きです。

篠原さんは「三太郎」を「ツイていた」と言っていました。ツキだけでは引いてこれない。それも含めた彼の全力です。それにしても馬券強かったよね。

おわりに。

最後まで読んでいただいてありがとうございました。

「はじめにの前に。」で「モテない広告を何とかする！」と鼻息も荒かったのですが、ぼくは広告を代表する立場ではないし、繰り返し書いてきましたが、世の中の傾きを素直に受け入れるのが、広告的態度でもあります。

それでも、自分はモテなくてもいいのですが（ウソ）、広告はやっぱり誤解されているようですね。

ぼくは大学では当然のように広告やコミュニケーションを専門に講義をしていま

すが、受講生たちにとって広告を学ぶことはゴールじゃないんです。その向こう、もしくは手前にある、本書でいう「時代／社会／人間」を知り、考えることを要求しています。広告は「時代／社会／人間」を知る最善の入り口であることを、本書を著すことで今いちど確信できました。

「広告をナメたらアカンよ」とは大きく出たものの、まあナメてもいいんです、広告だから。ホントにナメちゃアカンのは、コミュニケーション。

空っぽの言葉を使うな、うわべだけのメッセージを送るな、何よりも言葉を壊すな、まず他人のことを考えろ、言葉は、知恵や知識や知見や経験や社会観や人間観や愛情や情熱や情念や希望の産物である。そんなことも考えないで広告をナメるな、ということです。

ありゃ、ちょっと熱くなってる。

連載をまとめて書籍にするという作業が初めてだったので、大幅に加筆して修正したものの、とっ散らかったままでごめんなさい。
誤解のないようにひとつだけ書き添えると、本書は「温故知新」でも「昔はよかった」でもありません。時が移ろうが、むしろ移れば移るほど、広告やコミュニケーションの本質が露わになってくるようです。ぼくが書くべきだと思ったのはその普遍性で、デジタル関係にあえて触れていないのも同じ理由です。

重ねて、最後までお付き合いいただきありがとうございました。

最後に、遅筆&前言撤回の筆者のケツをにこやかに叩いて、ここまで連れて来てもらいました。宣伝会議社の鈴木洋平くん、ありがとう。
本書を実現に導いてくれた『宣伝会議』編集長の谷口優さん、感謝しております。

取材にご協力いただき、またご寄稿くださったみなさま、今度お返しをさせてください。

装丁をお願いした濱弘幸さん、山形有弘さん、イラストの小島洋介さん。やっぱりデザイナーはすごいなあ。

そしてコトバ社の鈴木優子、阿部希葉、中迫智也（年功序列順）、いつも通りにありがとう。ありがとうは、こんなことでもなけりゃテレくさくてね。

広告にも感謝です。もちろん。ぼくに人生を教えてくれた。

山本高史　２０１６年暑過ぎる夏に。

山本 高史（やまもと たかし）

株式会社コトバ
クリエーティブディレクター／コピーライター／
関西大学 社会学部教授

１９６１年京都府生まれ。
１９８５年大阪大学 文学部卒。同年、電通に入社。
数多くのキャンペーン広告を手がける。
２００６年12月電通を退社。コトバ設立。

オリンパス「ココロとカラダ、にんげんのぜんぶ」、
三井住友海上「未来は、希望と不安で、できている。」、
ＪＲ東日本「Ｓｕｉｃａ」、トヨタ自動車、サントリー、
資生堂、キリンビール、キユーピー、Ｓ＆Ｂ、ＭＳ＆ＡＤ、

よしもとクリエイティブ・エージェンシー、
インベスターズクラウド、カメヤマなど数多くの広告を手がける。

著書に『案本』（インプレスジャパン）、『伝える本。』（ダイヤモンド社）、
犬を主人公にした小説『リトル』（ＰＨＰ研究所）、
医師・鎌田實氏との対談本『ここから。』（ＫＫベストセラーズ）、
隠された名エロ小説『ボク キキイッパツ』（講談社）などがある。

主な受賞歴
ＴＣＣ最高賞、クリエイター・オブ・ザ・イヤー特別賞、
ＴＣＣ賞、ＡＤＣ賞、ＡＣＣ賞、日経広告賞、新聞広告賞、
消費者のためになった広告コンクールなど多数。

バーボン好き
味濃いめ

広告をナメたらアカンよ。　そこにはいつも「ホント」があらわれる。

発行日　2016年9月1日　初版
　　　　2016年9月30日　第2刷
著者　山本高史
発行者　東 英弥
発行所　株式会社宣伝会議
〒107-8550　東京都港区南青山3丁目11番13号　新青山東急ビル9階
TEL．03-3475-3010（代表）
URL．http://www.sendenkaigi.com
装丁・デザイン　濱 弘幸+山形有弘　イラスト：小島洋介
印刷・製本　大日本印刷株式会社
ISBN　978-4-88335-353-8　C2063